あの日ジョブズは

文 片山恭一
Katayama Kyoichi
写真 小平尚典
Kohira Naonori

WAC

プロローグ

ジョブズの写真

いま手元に50枚ほどの写真がある。友人の写真家が送ってくれたもので、撮影された時期は1990年前後。当時のジョブズはアップルを追放され、新たに立ち上げたネクストで苦戦していた。自らが創業した会社は、いまや敵とは言わないまでも追い越すべきライバルになっていた。彼は新しい会社をアピールしようとPR活動に精を出し、インタビューなども積極的に受けていたようだ。

どのカットも魅惑的である。写真はいずれも雄弁で、さまざまなことを語りかけてくる。この雄弁さはジョブズに特有なものだ。たとえばビル・ゲイツやジェフ・ベゾスの写真には決定的に欠けている。少なくともぼくは、彼らの写真から何かを感じることはない。報道写真と同じだ。ただビル・ゲイツをビル・ゲイツとして、ベゾスをベゾスとして認識するだけである。認証としての写真。その先に関心は向かわない。

ジョブズの写真は、その先にあるものを語りかけてくる。彼という人間のなかに内包された物語を。若くて溌剌《はつらつ》としたジョブズが写っている。けっして激昂しているわけではないが、内に秘めた熱いもの、強い意志を感じさせる。とくに目に力がある。力がありながら深く澄んで美しい。こうした印象は彼のどの写真にも感じられる。何か繊細なものが写っている。激しさと同時に静けさが、強さとともに寂しさや悲しみが……そのなかを通奏低音のように流れている孤独を、ぼくの耳は否応なしに聞き取ってしまう。

アップル。

不思議な名前だ。企業名としてはかなり変わっている。しかも作っているものは主にデジタル製品である。他の企業と比較してみよう。ヒューレット・パッカードやデルは創業者名。ＩＢＭやＮＥＣ、それにマイクロソフトは業種内容の説明といったところか。なるほど堅実だ。面白みはないが、身元がはっきりしている。

一方のアップル。なにもの？

これはメタファーなのか。何かの比喩だろうか。よくわからないところが文学的である。好意的に見れば詩的でもある。そこはかとないアートの香りが漂ってくる（気がする）。マイクロソフトや日本電気株式会社（ＮＥＣ）と同種の製品を作っている会社とは思えない。

この奇妙な会社、創業者の名はスティーブ・ジョブズ。

父親はシリアからの留学生だった。母親はドイツ系移民の厳格な家庭に育った。ウィスコンシン大学の大学院生だった二人のあいだに生まれた子どもは、最初から養子に出されることがきまっていた。

養父のポール・ジョブズは高校中退後、機械工として働きながら中西部を転々としたのち沿岸警備隊に入隊、第二次世界大戦中は機械工にして機関兵だった。戦争が終わり沿岸警備隊を除隊したのち、アルメニア移民の娘、クララ・ハゴビアンと結婚する。子どもに恵まれなかった二人は、1955年2月24日に生まれた男の子を養子にする。こうしてスティーブ・ジョブズという一人の人間が、世界の片隅に小さな場所を占めるようになる。

イエスの父、ナザレのヨセフは大工だった。キリスト教神学ではイエスは聖母マリアの処女懐胎によって生まれたことになっている。するとマリアの婚約者にして夫であるヨセフは、イエスにとっては養父ということになる。「処女懐胎」というのは、どう受け取ればいいだろう？　キリスト教徒でないぼくは、苦し紛れに「養母」と解釈してみる。イエスもジョブズと同じようにもらい子だった。養父と養母によって育てられた彼らは、ともに内に激しいものを宿した。

ナザレのイエスは言葉と行動によって世界を変えようとした。一方のジョブズはコンピュータによって世界を変えようとした。現に二人とも、その後の世界を大きく変えた。イエスの宗派は人種や民族を超えて世界中に広がった。ジョブズが生み出した製品は、社会的にも経済的にも文化的にも異なる何十億もの人々の日常生活を文字通り一変させた。

歴史上の人物としてのイエスの生涯は、洗礼者ヨハネにはじめて会うところからはじまる。新約聖書によると洗礼を受けたイエスは荒野に赴き、40日とどまってサタンから誘惑を受ける。ジョブズも若いころインドに出かけている。有名な導師に会うためだったという。自分のなかに過剰なものを抱えた若者を連想させる。

再びジョブズの写真。

彼のポートレートに「孤独」を読み取るのは、それほど難しくないだろう。どの写真にも深い陰影をつけている孤独。だがジョブズの孤独は、たとえばアルチュール・ランボーほどわかりやすくはない。地理的なものでも空間的なものでもないからだ。現にジョブズのまわりには多くの人がいた。家族がいて友だちがいて仲間がいた。アップルという会社をつくってからは多くの部下がいたし、有能なスタッフにも事欠かなかった。

「3分で100億円稼ぐ」といわれたジョブズのプレゼン

さらに計算高い投資家や虎視眈々とビジネス・チャンスを狙うライバル、彼が開拓した市場を喰い荒そうとする敵にも囲まれていた。ジャーナリズムはジョブズを追いかけ、熱狂的なファンは彼を教祖のように崇めた。これほど賑やかな人生は稀だと言っていい。27歳でアフリカに渡り、10年という歳月を完全な孤独のうちに過ごしたランボー。家族からも友人たちからも消息を絶ち、言葉も通じない部族が住む土地で一人死んでいった男にくらべれば、ジョブズの人生は圧倒的に華やかである。

にもかかわらず、彼は深い孤独のなかにいるように見える。追いかけてみたいのは、この独特のニュアンスをもった孤独だ。ジョブズという一人の人間と切り離しがたい孤独。彼をめぐる物語は、すでに数多く書かれている。それでもなお書かれていない物語がある。自分だけが言葉にできる物語がどこかに眠っている気がする。そんなことを空想させるのは、ジョブズの写真がもつ力、強い説得力によるものだろうか。

男を探している。どこにいるのかわからない。どこを探せばいいのか見当もつかない。重要なやつなのか？　おそらくキリスト教徒にとってのイエスと同じくらい重要だ。イエスと同じように、彼ものちの人々からは歴史を大きく変えた人物と評されるだろう。

ぼくたちはいま、その男がもたらした現実を人類規模で生きている。

まわりを見てみるがいい。誰もがうつむいて何か操作しているだろう。タッチパネルに指を触れ、縦や横にスクロールしたり、指先で小刻みに叩いたり……すでに当たり前になっている光景をつくり出したのは、おそらく彼、ぼくが探している男だ。

その男は何をしたのか？　コンピュータと人間を近づけた。コンピュータをパーソナルなもの、パーソナルよりもっとパーソナルなものにした。人間的な魅力を備えたコンピュータ、友だちや相棒としてのコンピュータ。

コンピュータに愛を持ち込んだ？　たしかに彼はコンピュータを愛されるプロダクトにした。アップル・エクスペリエンス。イエスが神と人間のあいだを取り持ったように。新しい世界宗教を生み出したと言ってもいいかもしれない。

2000年前にイエスが発したメッセージはシンプルなものだ。「神の国」はすぐそこに来ている。主なる神は貧しい人々や持たざる人々の苦労を見ておられる。彼らの苦悶の叫びに耳を傾けておられ、いま、そのために何かをなされようとしている。

このシンプルなメッセージは、だがイエスの時代にはローマ帝国への挑発行為に他ならなかった。かなり危険なメッセージだったのだ。自らを「メシア」と名乗る者は、ただちに捕らえられた。支配者たちが恐れたのは、イエスが行う奇蹟の行為ではなく（似たようなことをなす人間は、当時はいくらでもいた）、彼が発するメッセージだった。

一方、ぼくの探している男が発したメッセージはこうだ。「コンピュータの向こうに未知なる未来がある」。あるいは「誰もがコンピュータに触れることによって未知と未来にアクセスできる」。パスワードは「アップル」。

神話的ではないか。「アマゾン」が未開や野生なら、「りんご」は神話的であり旧約聖書的だ。旧約聖書のなかで神がモーセにもたらした石板は、いまやポケットのなかに入るスマートな携帯端末に姿を変えた。

彼はイエスのように迫害され、捕らえられて処刑されることはなかった。それどころか世界に受け入れられ、巨万の富を手にした。だが最後は病に斃れた。膵臓がんだったという。いかにも現代的な病である。ほとんど殉教に見えるくらいだ。

十字架にかかったイエスは「エロイ、エロイ、レマ、サバクタニ」と叫んだ。「わが神、わが神、なぜわたしをお見捨てになったのですか」という意味らしい。この挿話は最初に成立したマルコによる福音書にも出ている。ぼくは男の伝記を書こうとしているのだろうか。マルコのように？

いったい何を書くつもりだ。さっき自分で言ったばかりではないか。彼については多くの本が書かれていると。この上、何をどうしようというのか。会ったこともない男の伝記を書くつもりなのか。

だが伝説の多くは、実際にまみえることのなかった者たちによって紡がれたものだ。一人の人間が伝説になるには、おそらく物語る者とのあいだに時間的、空間的、さらには心理的な距離が必要なのだろう。

そうして生まれた物語が、後世の者たちにとって都合のいい虚構という面をもつのはたしかだ。一方で、事実に即した伝記よりも、より本質的にその人物を描き出すこともある。だから伝説として長く残っていくのだろう。

マルコの物語はイエスが死んでから約40年後、紀元70年以降にはじめて書かれた。伝記作者としてのマルコは、イエスの信奉者によって数十年の間にあちこちに広められていた口伝や、わずかではあるが文書化された伝承などを集めて、その中から思いのままに取捨選択した。彼は年代記的な物語に伝承の寄せ集めを加えることによって、「福音書」(古代英語で「良い知らせ」を意味する)と呼ばれるまったく新しい文学ジャンルを生み出した。

ぼくが探している男も、やがてイエスと同じように脚色され、伝説化されていくだろう。彼が起こした会社や、世に送り出した多くの製品やサービスとともに、存在そのものが歴史のなかに位置づけられるはずだ。エジソンやフォードのように。そうした流れに加わる者の一人になろうということなのか？

いや、そうではない。描いてみたいのだ。自分なりの彼を描いてみたい。それは伝記や評伝というよりは創作に近いものになるだろう。一人の男を創作したいのだ。ぼくの心の風景のなかに彼を立たせてみたい。

現実の世界を生き、人々の心をつかむメッセージを発し、数多くの魅力的なプロダクトを世に送り出し、巨万の富を手にし、最後は病に斃れた男がいた。その男を、ぼくの心の空間でもう一度生かしたいのだ。

彼の名前はスティーブ・ジョブズ。

なるほど。それで、いったいこの本には何が書いてあるのか？

何が書いてないか答えたほうが早いだろう。ジョブズのデザイン思考。彼のイノベーション理論。そういうことについては書いてない。だいたい「デザイン思考」や「イノベーション理論」といった言葉が難しくてよくわからない。誰か詳しい人に聞いてもらいたい。

いかにしてベンチャーを立ち上げ成功させるか？　これも実際にベンチャーを立ち上げ、成功させた人に聞いてもらったほうがいいだろう。ジョブズのチーム作りとマネージメント。いまを生きるビジネスパーソンが学ぶべきジョブズのスキル。

最初に言っておくべきかもしれない。この本の筆者は、これまで一度も就職したことがない。これからもおそらくしないだろう。その生涯を会社や組織と無縁のまま終えようとしている者に、「チーム作り」や「マネージメント」の話ができるだろうか。意欲に満ちたビジネスパーソンに何かもっともらしい助言ができるだろうか。

もちろんできる。自分がやったこともないことを、あたかも経験したかのように（しかもたっぷりと）語る（この場合は「騙る」か？）ことは、小説家の常套的な手口である。でも、これは小説ではないのだから、そういうことはやめておこう。

ジョブズのベンチャー・スピリット。アップル必勝の方程式。それらは学べるものなのか？　誰でも学べるものなら、たちまちマニュアル化して、「ジョブズのベンチャー・スピリット」も「アップル必勝の方程式」も使い道のないものになってしまうだろう。

これだけは言える。ジョブズの真似をすることほどジョブズから遠いものはない。それはもっともジョブズらしくないことだ。彼のベンチャー・スピリットを受け継ごうとしている人は、当人の真似なんかしてはいけない。真似をしようとしてもできるわけがないのだから。アップル必勝の方程式についても同じ。

スティーブ・ジョブズは、この惑星でただ一度きりの出来事である。イエスが再び現れないように、ジョブズも二度と現れない。イエスがどこまでもイエスであるように、ジョブズはどこまでもジョブズである。ジョブズは再現できない。反復も複製もできない。

面白いものだ。ジョブズが手掛けた製品はすべて反復と複製のためのものなのに、本人は反復も複製もできないのだから。こうした逆説も彼の魅力の一つだ。逆説と矛盾。四角四面なコンピュータの世界に「楽しさ」をもたらした男が、一緒にいると全然楽しくないやつだったとか、その手の話は探せばいくらでも出てくる。

やることなすこと考えること、すべてが平均値から大きく外れ、発達障害ではないかと思われるほど極端でありながら、ときにゾッとするようなシャープなバランス感覚を見せる。冷酷非情な経営者でありながら、フレンドリーなお楽しみを提供しつづけたエンターテイナー。熾烈な企業競争に曝《さら》されていても、どこかカジュアルな風通しのよさを感じさせる。好悪は別にして魅力的な人物。大嫌いだけれど憎めないやつ。

要するに一筋縄ではいかないのだ、ジョブズは。そんな人間のことを書こうとするのだから、この本も一筋縄ではいかないものになるだろう。

プロローグ　ジョブズの写真

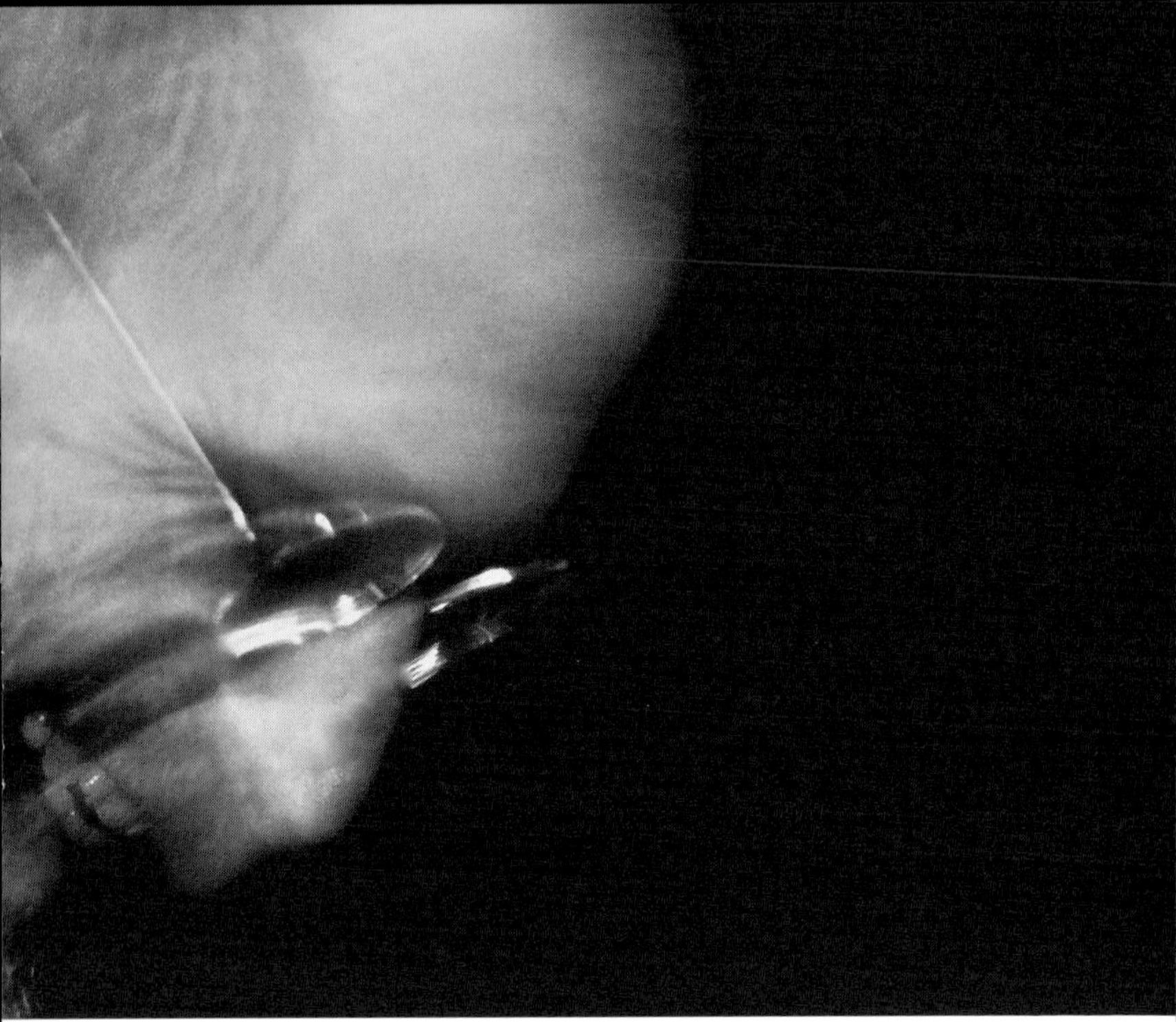

目次

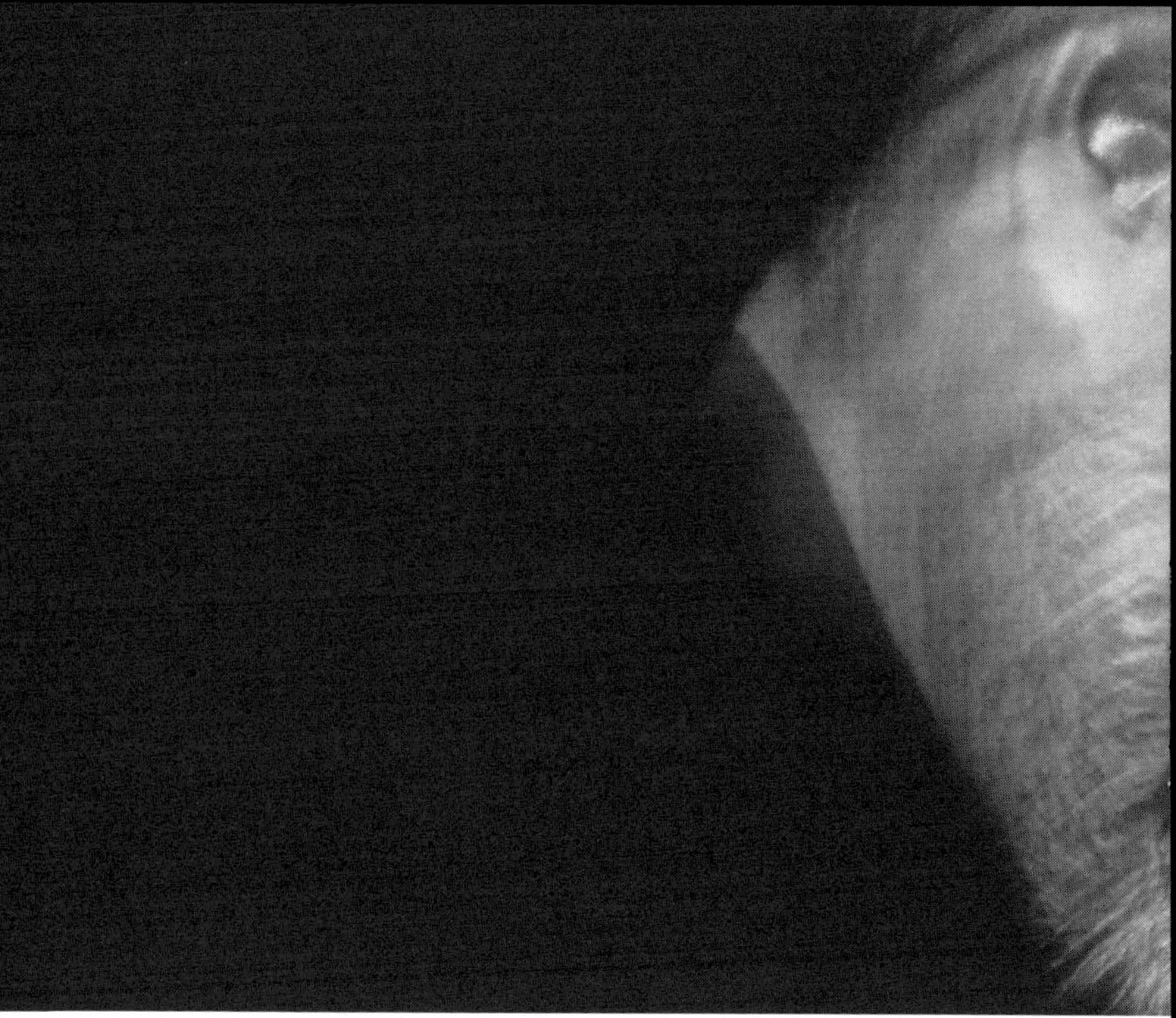

1

誕生から追放まで

スティーブ・ポール・ジョブズは1955年2月24日、サンフランシスコの病院で生を享けた。先に述べたように、母親のジョアン・シーブルはドイツ系移民の娘だった。父親のアブドゥルファー・ジャンダーリはシリアから来たイスラム教徒で、ウィスコンシン大学の大学院生だったときにジョアンと知り合う。やがてジョアンは妊娠するが、結婚も中絶も難しいことから養子に出される。

養父のポール・ジョブズはウィスコンシン州ジャーマンタウンの酪農家に生まれた。もともと機械が好きで、ジョブズが生まれたころは中古車をレストアして販売する仕事をしていた。ニュージャージー州生まれのクララ・ハゴピアンはアルメニア移民の娘で、1946年にポールと知り合う。結婚したあとも長く子どもに恵まれなかった二人は、1955年ごろには養子を迎えることを考えるようになっていた。

実の両親によって捨てられ、養父母によって選ばれた。自分は特別である。このような観念はジョブズの血肉となり、自我の形成に大きな影響を与えたとされる。長年の仕事仲間の一人は、「何かを作るとき、すべてをコントロールしようとするのは彼の個性そのもので、それは生まれたときに捨てられたという事実からくるものだと思う。環境をコントロールしたいと考えるし、製品は自分の延長だと感じているようだ」と語っている。また学生時代からの友人は、ジョブズがしばしば捨てられたことの辛さを口にしたと証言している。本人はどうかというと、養父母について「二人は1000パーセント、ぼくの両親だ」と強調する一方で、実の両親のことは「ぼくを生んだ精子銀行と卵子銀行さ」とすげない。

サンフランシスコ郊外で育ったジョブズは、やがて近くの小学校へ通いはじめる。悪戯《いたずら》好きで頭のいい子どもだったようだ。同時に、感受性が豊かでありながら無神経である、短気で怒りっぽい性格ながら超然とした面も持ち合わせている、といった後年のジョブズを特徴づけるキャラクターも現れはじめていた。そういう子どもにとって、学校は居心地のいい場所であるはずがない。いじめられることの多かったジョブズは「もっといい学校に行かせてくれ」と両親に頼んだ。そのころジョブズ家はかつかつの生活をしていたが、無理をしてサウス・ロス・アルトスの新しい家に引っ越す。ジョブズがスティーブ・ウォズニアックとともにアップルを創業したという伝説のガレージが残る、「クリスト・ドライブ2066番地」の家である。

中学を卒業したジョブズはホームステッド・ハイスクールに進学する。ヒューレット・

パッカード（ＨＰ）の工場で働きながら、マリファナをやったり、ＬＳＤやハシシを試したり、断眠による幻覚を味わったりしたらしい。このころのちにアップルを共同で創業するスティーブ・ウォズニアックと出会っている。５歳上のウォズニアックはエレクトロニクスについてはジョブズなど足元にも及ばないほど詳しかった。

高校を卒業するころ、ジョブズは１学年下のクリスアン・ブレナンと付き合いはじめた。やがて二人はロス・アルトス山の小屋で一緒に暮らしはじめる。１９７２年の夏に高校を卒業したジョブズは、オレゴン州ポートランドにあるリード・カレッジに入学する。ヒッピー文化など時代の空気もあったのだろう、精神世界や悟りにかんする本をさかんに読み漁《あさ》るようになる。極端な菜食主義を実践しはじめたのもこのころだ。

一方で必修単位を取るために興味のない授業を受けなければならない大学に嫌気がさしはじめていた。小学生のころから彼には、自分のやりたいこと以外はやらないという頑固なところがあった。結局、大学は中退したかたちになり、キャンパスの片隅でボヘミアン的な生活を送りながら、面白そうな授業にだけ出るという、見方によってはジョブズらしい学生時代を送ることになる。そのころ彼が興味をもったものの一つがカリグラフィー（文字を美しく見せる技法）だった。この経験はのちに製品のデザインや外観、コンピュータに搭載されるフォントなどに活かされることになる。

ジョブズの大学生活は18カ月で終止符を打たれた。１９７４年2月、ロス・アルトスの実家に戻った彼は、「ポン」というビデオ・ゲームをヒットさせていたアタリ社に潜り込む。この就職はインドへ行くための資金稼ぎが目的だったようだ。さらにインドから帰ると、日本人の老師について熱心に禅を学びはじめる。本気で出家を考えるほどだったという。アーサー・ヤノフの「原初療法（primal therapy）」まで試したというのは、ジョン・レノンの影響かもしれない。

ジョブズとレノンは生い立ちからしてよく似ている。レノンの父親は彼が生まれてすぐに蒸発、母親は別の男と暮らしはじめ、幼いレノンは伯母のところへ預けられる。実母のジュリアは、レノンが17歳のときに酒に酔った非番の警官が運転する車にはねられて死亡している。後年彼は「ぼくは母を二度失った」と語っている。「一度目は叔母に預けられたとき。二度目は母が死んでしまったとき」。

ジョブズと同じような心の傷を抱えていたレノンは、ヤノフの精神療法によって蘇った幼少期の体験をもとに「マザー（Mother）」という曲をつくっている。この曲を一時期、ジョブズはよく聴いていたという。過剰な自我を持て余す青年の姿が目に浮かぶ。

スティーブ・ウォズニアックとの交流はつづいていた。HP社のエンジニアだったウォズは、プログラミングなどでしばしばジョブズに力を貸していた。個人用エレクトロニクス機器の情報を共有するためにつくられたホームブリュー・コンピュータ・クラブの例会にも、ジョブズはウォズと一緒に参加している。この例会がきっかけで、ウォズはのちに「アップルI」と呼ばれるワンボード・マイコンを設計する。これを首尾よくビジネスに結び付けたジョブズは「いける」と思ったのだろう。ウォズニアックと二人で自分たちのコンピュータ会社を立ち上げることを決意した。アップル・コンピュータである。1976年のことだった。

翌年には、パーソナル・コンピュータの歴史を変えたとも言われるアップルIIを発表し、大ヒットさせる。しかし社内ではしだいに専横がひどくなり、スタッフにもつらく当たることが多かったという。ウォズニアックもジョブズのやり方には疑問を感じ、最終的にアップルを離れることになる。衛生上（?）の問題もあった。ジョブズ本人は菜食主義ならデオドラントは不要で、定期的にシャワーを浴びる必要もないと信じていたらしい。おかしな臭いを発するやつを会社のトップに据えておくわけにはいかない、と

常にエンジニアとしてジョブズを支えたアップル共同設立者の
スティーブ・ウォズニアック

いうことで外部からマイク・スコットが社長に迎えられる。

それでも会社はうまくいっていた。アップルⅡはあちこちで絶賛され、パーソナル・コンピュータとしては一人勝ちの状態だった。その後、16年間にさまざまなモデルが総計600万台も販売されることになる。利益を生む会社とみなされたアップルには有力な投資家が参画し、取締役などに就任していく。これがのちのジョブズ追放劇につながる。

1980年12月、アップルは株式を公開（IPO）する。1977年に5309ドルだった会社が、4年足らずのあいだに17億9000万ドルの市場価値をもつようになっていた。ジョブズは25歳にして2億5600万ドルの個人資産を手にした。このアップルのIPOに際して、大学時代からの友人でインドにも一緒に行き、ガレージで起業したときからの仕事仲間であるダン・コトケに、一切のストック・オプションを与えなかったことは、ジョブズの非情さを物語るエピソードとして語り草になっている。

高校時代の恋人、クリスアン・ブレナンとのあいだに生まれた娘リサを、自分の娘として認知しなかった話も有名だ。ブレナンが妊娠したとき自分たちはそんなに親密ではなかった、彼女は他の男とも寝ていたから、というのが当人の言い分だった。1978

年に女の子が生まれたとき、ジョブズもブレナンも23歳で、奇しくもスティーブをもうけたときのジョアン・シーブルとアブドゥルファー・ジャンダーリと同じ年齢だった。

認知と養育費の支払いに応じないジョブズは、ブレナンとリサに生活保護を支給していたサン・マテオ郡から訴えられる。これにたいして彼は弁護士を雇って争い、裁定はDNA鑑定に持ち込まれる。その結果、ジョブズが父親である可能性はほぼ確実とされるが、それでも本人は「自分が父親でない可能性がかなりある」と取締役会などで主張していたらしい。ブレナンは「養子に出された結果、彼の内面は壊れたガラスがぎっしりという状態になってしまった」と語っている。こうした常軌を逸した行動は「現実歪曲フィールド」と呼ばれるようになる。

アップルの成功に伴いジョブズは有名になっていく。タイム誌などが若手のアントレプレナー（起業家）として彼を取り上げる。「実家のガレージで起業」という伝説が生まれたのもこのころだ。その一方で、社内での確執や軋轢は大きくなっていった。アップルⅡのマニュアルを手掛け、マッキントッシュの名付け親でもあるジェフ・ラスキンのような優秀なエンジニアが、ジョブズとの対立からアップル社を去っていく。

1984年には新製品としてマッキントッシュが発売され、スーパーボウルで流された60秒のスポットCM（IBMを目の敵にした内容で、『ブレードランナー』で大きな成功を収めたばかりのリドリー・スコットが監督を務めた）とともに話題になる。ジョブズはこれまで以上に有名人となり、アンディ・ウォーホルやキース・ヘリングといった現代美術のアーティストたちとの交流も生まれる。

人格的な問題を抱えながらもアップル社内での立場は強くなった。裸の王様的な立場を利用して、自分が率いる開発チームのスタッフを無情に、ときには不公平に解雇することもあった。ジョブズとしては一流のプレイヤーだけをチームに残したいと考えたのだろうが、こうしたやり方は社内でも反感をもたれるようになる。また彼の異常なまでの美的情熱に愛想をつかして会社を辞める人も出てきた。それでも王様の「愚行」を押しとどめるのは容易ではなかった。

とにかく身勝手で自分は何をしても許されると考えていたらしい。愛車であったメルセデスにはナンバー・プレートをつけない。身障者用のパーキングに駐車する。しかも2台分にまたがって止めてしまうこともあったようだ。世間一般のルールに自分は従う必要はないと本気で思っていたのだろうか。このようなエピソードだけに目をやると、見かけは大人だが頭のなかは完全に子どもである。自らが選んだチームを率いていくことはできるかもしれないが、健全な協力関係を築いていこうとする相手には、たんなる「育ちそこない」としか見えない。

それでもビジネスがうまくいっているあいだは、取締役たちもジョブズの専横な振舞いに目をつぶっていた。しかし彼が自信をもって世に送り出したマッキントッシュは、最初の発売に伴う興奮が収まると販売が急激に落ち込みはじめる。使いやすいGUI（グラフィカル・ユーザー・インターフェイス）は、マッキントッシュの大きな魅力であるとともに弱点でもあった。大量のメモリーを必要とするために処理速度が遅くなってしまったのだ。静けさを損なうとしてジョブズが冷却用のファンを付けさせなかったことが災いして、動作がおかしくなることもあった。いくら見た目がよくても、肝心のコンピュータとしての限界が知られるにつれて、売れ行きが落ちていくのは当然だった。

ジョブズのやり方に不満を感じて多くの人がアップルを離れていく。1985年にはとうとう共同創設者のスティーブ・ウォズニアックまで会社を辞める。マッキントッシュの売り上げが期待外れだったこともあり、ジョブズの言動も目に余るものになっていく。彼がいては仕事に支障を来すという声が社内で大きくなっていく。取締役会はついに

「人生とは信頼という深い基礎で構築された、素晴らしいネットワークである」
ジョブズに退社勧告した当時のアップルCEOジョン・スカイリー

にジョブズに会社の経営は無理と判断し、マッキントッシュをはじめとする製品部門から彼を外す決定を下す。

会長として会社にとどまることはできたが、実権のないポストに就くことよりも退社を選ぶ。実質的な追放だった。ジョブズは自分がつくった会社から追い出されることになった。

2

Who Is He?

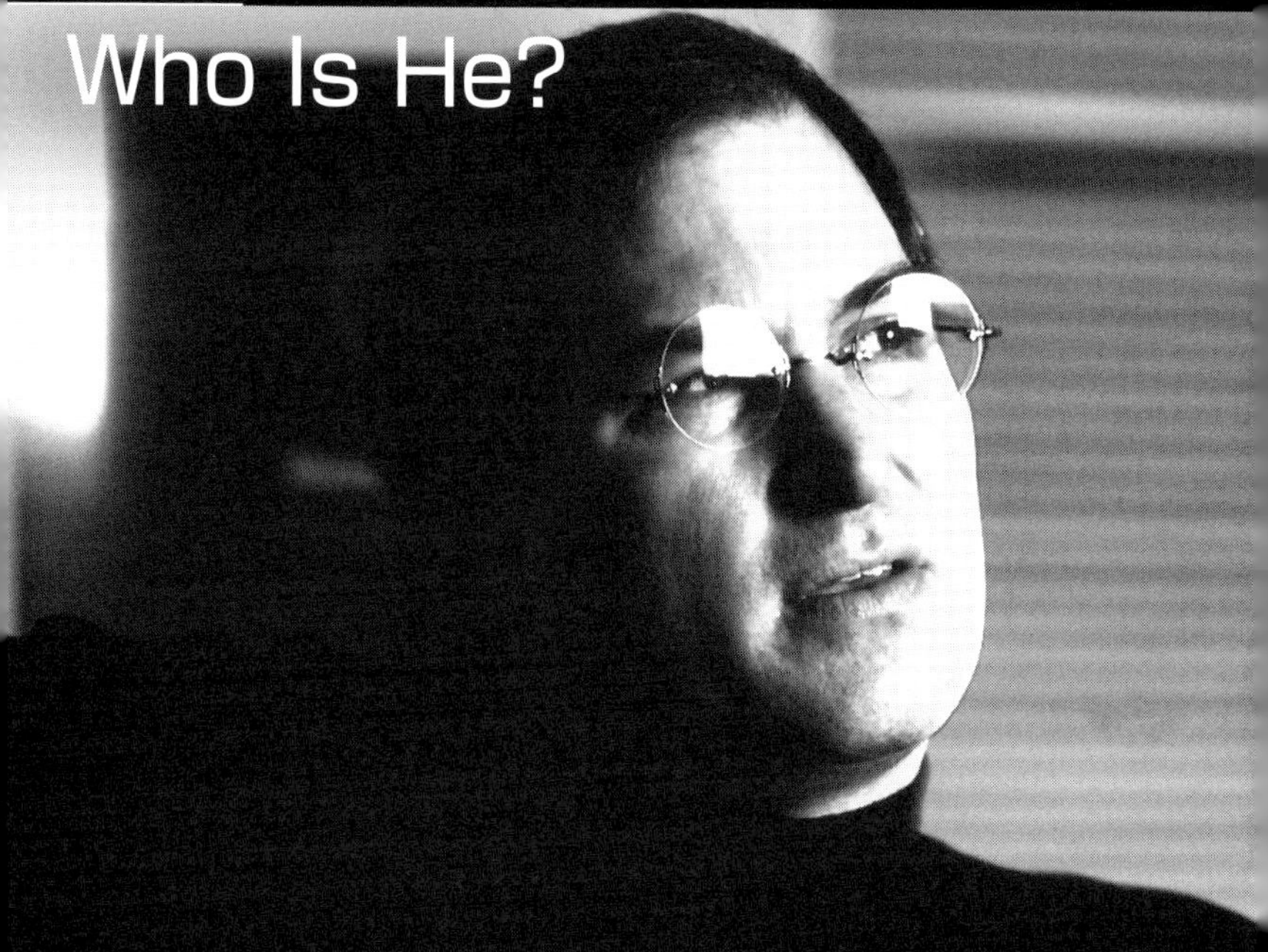

とにかくいやなやつだったらしい。「正真正銘のくそ野郎」と言う人もいる。ぼくのまわりにもいる。いまジョブズの話を書いていると言ったら、「なぜあんなやつのことを書くんだ」と不思議そうな顔をされた。「いまじゃあジョブズのことなんて誰も気にかけていない。完全に過去の人間じゃないか」。

もちろん別の見方もある。「私が付き合ってきたスティーブはそんな人間ではない」と伝記作者の一人は書いている。自分がひたむきに報じてきた男はこういう人物である。おそらくジョブズを知っている多くの人が同じ思いを共有しているのだろう。彼はそんな人間ではない。

では、どんな人間なのか？　どんな人間であればお気に召すのか。あるがままの彼を語れる人などいるだろうか。ジョブズにかぎらず、それが誰であれ。喪に服しているわけではないのだ。亡くなった人を追憶しているわけでもない。死者は立ち去り、逃れ去ってゆく、休む間もなく。

だからこう言わなければならない、「きみの便りを待っている」。このメッセージはなんらかのかたちでジョブズに届くだろうか？　一人の人間を理解するためには、彼のことを愛さなければならない。たとえどんなくそ野郎であったとしても。

くそ野郎だから書いてみたいのだ。生前のジョブズを知っている人の多くが「絶対に付き合いたくない」と断言する。なるほど。実在のイエス・キリストだって、くそ野郎だったかもしれない。少なくとも当時のユダヤ人の支配層にとって、彼は鼻持ちならない若造だったはずだ。身近にいる人たちにとっては、まじめで融通の利かない石頭だったかもしれない。なかには絶対に付き合いたくないと思う人もいただろう。ひょっとすると「超」の付くいやなやつだったかもしれない。そのくらいの人間でないと1000年、2000年のときを超えて生き延びることはできないのかもしれない。

ジョブズがイエスのように2000年も生きつづけるかどうかわからない。でもぼくたちの時代で他に誰がいるだろう？　ジョン・レノンやポール・マッカートニーは？　彼らの作品は長く残りつづけるだろうが、それはジョンやポールという生身の人間が残ることではない。

イエスは2000年を経てなお生身の人間性を感じさせる。ジョブズにも同じことが言える。ぼくにとって海の向こうのジョブズは、10年という永遠にも等しい時間を隔てて、いまなお生々しいのだ。

生々しいといえば、ジョブズが創業した会社が生み出している製品も、いまだに鮮度を失っていないようだ。先ごろ発売された、Ｍ１プロセッサを搭載した最新のｉＭａｃも評判がいい。機能的に見たＭ１というプロセッサの特長は、グラフィックボードとＣＰＵの一体化により消費電力あたりの性能を圧倒的に高くしたということだろう。そのため高性能でありながら、ファンが不要であり、超薄型のデザインが可能になる。

若手のエンジニアのなかには、Ｍａｃのことを「人類に最適化したコンピュータ」という言い方をする人が少なくない。ぼくたちの世代では、ｉＭａｃとＭａｃｂｏｏｋを代々使いつづけているという人がけっこういる。彼らの何人かはこちらが水を向けると、ｉＭａｃとの衝撃的な出会い、その新鮮な驚きのことなどを、いくらか興奮気味に話してくれる。

「とにかくあのころってさあ、ほとんどのデスクトップ型ＰＣがベージュ色で事務機然としていたわけじゃない。どのメーカーも安さと速さで勝負、みたいな。そこへ突然炎のごとく、あのカラフルでキュートなiＭａｃが『こんにちは』と言って登場したわけだ。実利主義一辺倒だったＰＣの世界にアップルは友愛と色彩を持ち込んだってことかなあ」

とまあ、こんな具合である。

しかし、「友愛」とは恐れ入った。かくのごとくアップルの製品に特別な思い入れを抱く人は多い。その気持ちはスマホを持っていないぼくにも少しはわかる。齧《かじ》りかけのりんごのマークが入った製品を使うことは、たとえば一枚の気に入った絵を部屋に飾るようなものなのだろう。最新のｉＭａｃを見てみよう。背後から見ても横から見てもかっこいい。つまり完全にオブジェとしてデザインされているのだ。こうして一台のＡｐｐｌｅを購入して使うことは、多分にアーティスティックな体験になる。

この感覚は紛れもなく「くそ野郎」であるジョブズが持ち込んだものだ。それがアップルという会社のなかで受け継がれている。イエスの生み出したものが、いまも世界中の何十億かの人々によって受け継がれているように。ジョブズのそれが２０００年もちこたえるとは思えないけれど、少なくとも10年は廃らずにつづいてきた。しかも競争と興亡の激しいＩＴ業界において。驚くべきことではないだろうか。

若いころのジョブズについて伝記的な事実から興味深い点を拾ってみよう。

すでに述べたように１９７２年、ジョブズはオレゴン州ポートランドにあるリード・

カレッジに入学する。リベラル・アーツの私立大学で学費が高いことで有名なところだったらしい。バークレーやスタンフォードといった総合大学ではなくリベラル・アーツ・カレッジを選んだということは、この段階では何をやりたいか明確にきまっていなかったということかもしれない。

この大学は彼が入学する5年ほど前に、サイケデリックの導師であるティモシー・リアリーが学食であぐらをかき、「ターン・オン（ドラッグで）、チューン・イン（意識を開放し）、ドロップ・アウト（社会に背を向けよ）」と、山上の垂訓よろしく学生たちを扇動したところである。そういう気風の大学だったのだろう。70年代には中退率が3分の1を超えていたというから尋常ではない。ほとんどアウトサイダーの輩出に尽力していたようなものだ。

60年代に思春期を送ったジョブズは、もろにカウンター・カルチャーの洗礼を受けて育った。マリファナやLSDなどのドラッグ・カルチャー、ベイエリアのビート・ジェネレーションから生まれたヒッピー・ムーブメント。ティモシーの教えを真に受けたわけではないだろうが、実際にジョブズは18カ月で大学をドロップ・アウトしてしまう。

学生だった1年半のあいだに、彼はあらゆるサブカルチャーに身を浸す。禅、瞑想、ディランやグレイトフル・デッド、ジェファーソン・エアプレインなどのロック・ミュージック、サイケデリック・ドラッグ（幻覚剤）……ほとんど見境なしという感じである。とりわけババ・ラム・ダスの『ビー・ヒア・ナウ』という本に強い影響を受けた。サイケデリック・ドラッグや瞑想についての一種のガイドブックで、当時の多くの若者に感化を与えたものらしい。

精神世界と悟りへの強い興味。そして興味を抱いたものにたいしては激しく、徹底的にのめり込む。１９７３年にはラム・ダスの師、ニーム・カロリ・ババ（マハラジ・ジ）に会うためにインドまで行っている。僧侶のようなものになろうと、半ば本気で考えていたらしい。インドから戻ったあとはスピリチュアル・ネームを名乗り、インド風のローブにサンダル履きで歩くようになる。

もう一つ目を引くのは、菜食主義をはじめとする極端な食事である。米、パン、穀類、牛乳などを絶ち、ニンジンやりんごなど1～2種類の食べ物のみで何週間も過ごしたり、身体を浄化するために断食を繰り返したりしていたという。もはや健康法とは言い難い不健康なまでの純粋主義。スピリチュアルなものへの強い親和性といい、頑なに自己に閉じこもろうとする傾きが見られる。

ジョブズをはじめとして、この時期のパーソナル・コンピュータの開発者たちのほとんどが、ドラッグ・カルチャーやカウンター・カルチャーといった反体制的な空気を吸って大人になっている。とりわけ60年代のドラッグ・カルチャーは多分に現実逃避的な面をもっていた。ベトナム戦争にたいする反戦運動が盛り上がっていた時期である。目の前には徴兵制という現実が立ちはだかっている。逃れようのない現実から目を逸らすために、アルコールやドラッグにのめり込む傾向は強かっただろう。

アメリカの西海岸で生まれたパーソナル・コンピュータが、現実世界への強い拒否感や嫌悪感をバックボーンにしていたことは多くの人が指摘している。徴兵制が廃止されるのは1973年1月、ティーンエイジャーだったジョブズたちの世代にとっては、なお当事者として現実味のある問題だった。泥沼化するベトナム戦争、常習化する暗殺、ケネディ兄弟、キング牧師、マルコムX……時代は絶望に黒く塗りつぶされていた。それがパーソナル・コンピュータを現実逃避型のガジェット（道具）にしていく一つの要因だったのかもしれない。

同時にカウンター・カルチャー的な文脈で言えば、パーソナルであることには、ＩＢ

Mなどが作っている権威の象徴ともいうべき大型コンピュータへの対抗意識も込められていたはずだ。ただ、彼らはそれを政治的なやり方にもっていかなかった。パーソナル・コンピュータの開発にかかわった若者たちに共通しているのはノン・ポリティカルということである。ジョブズとともにアップルを創業したスティーブ・ウォズニアックなどは典型的な電子機器マニアであり、元祖ハッカーという感じだ。デモに参加してポリスに石を投げるというタイプとはほど遠い。

ジョブズの場合も、政治への興味関心はほとんど見られない。彼が大学に入学した1972年の後半には、徴兵制の削減・廃止は既定の政策になろうとしていた。学生たちの反戦運動や政治活動も下火になり、大学の雰囲気も変わりつつあったのかもしれない。そうした社会や時代の変化以上に、ジョブズにとっては徹頭徹尾「自分」が問題だったように思える。外側の現実へ向かうよりは、内側の自己へ向かう傾向がはるかに強かった。サイケデリック・ドラッグも瞑想も信仰も極端な食事も、ジョブズがのめり込んだものはどれも内側を指向するものばかりだ。

外側の現実と衝突する前に、自分自身と衝突してしまったと言えるかもしれない。ジョブズの生涯に付きまとう過剰さは、自己との衝突に由来しているようにも見える。いつも自分が自分と衝突し、自分を持て余している。だからもっと深いところ、自己の意識よりもさらに深い自己へ向かおうとする。それがスピリチュアルなものへの強い親和性としてあらわれてくる。

ジョブズが面白いのは、こうしたスピリチュアルな感覚と、ときに楽観的にも見える技術信奉が無理なく結び付いていることである。アメリカ西海岸のシリコン・バレーという環境が育んだものだったのかもしれない。コンピュータという最新の技術によって、彼は解脱《げだつ》や涅槃《ねはん》に至ろうとしたのだろうか。

きみがデザインした世界は、いまやひどいことになっている。この世界を見てどう思うか。たずねたいところだが、きみはもういない。「この世」という場所を立ち去って10年が経とうとしている。それでも知りたいのだ、きみのなかにあったヴィジョンを、触れると火傷するような情動を、やむにやまれぬ思いを。

きみはヴィジョナリーと言われていた。ぼくたちがほしいのはヴィジョンだ。未来の世界をどう設計し、デザインすればいいのか。新しい物語をいかに構築すればいいのか。きみは有能な物語作者でもあった。「シンク・ディファレント」をはじめとして魅力的な物語を数多く生み出した。いまは物語の代わりにデータがある。物語も夢も過去にしかない。ぼくがきみを探しているのも過去への郷愁なのだろうか。

きみはぼくたちの世界にあらわれたメシアなのか。ぼくたちがきみに何かを求めていたのは間違いない。それはＩＢＭにも、ビル・ゲイツのマイクロソフトにも求めえないものだった。きみは「夢」を語った最後の人間かもしれない。しかもその「夢」をかたちにできた。だからきみが世に送り出したものは、あれほど熱狂的に迎えられたのだろう。どうしてそんなことが可能だったのか。どんな魔法を使ったのか。それはきみの人格と、どんなふうに結び付いていたのだろう？

3

復帰と病魔

アップルから追放されたあと、ジョブズはただちに新しい会社をつくる。アップルにたいする復讐心に燃えていたとも言われるが、彼にしてみれば当然だろう。アップルを退社する際に、ジョブズは五人の中核社員を引き連れていった。この五人がネクストの最初のスタッフになった。

新会社でジョブズは、これまで以上に本能の赴くままに行動する。まず企業ロゴのベテラン、ポール・ランド（ＩＢＭのロゴが有名）に10万ドルの報酬を支払って会社（ネクスト）のロゴ・デザインを依頼する。またアップルのデザインを手掛けていた工業デザイナー（ハルトムット・エスリンガー）をネクストに引き込む。

１９８８年10月にネクスト・コンピュータが発売される。結果的に、このコンピュータは売れなかった。価格が高いわりに機能的な魅力に乏しいことが原因だったようだ。１９８６年には、ジョージ・ルーカスが持つ映画スタジオのコンピュータ部門を買収している。のちに『トイ・ストーリー』などアニメ映画のヒットを飛ばすピクサーだが、当初、会社を支えたのはコンピュータ（ピクサー・イメージ・コンピュータ）の販売収入であり、アニメーションやグラフィック・デザインをはじめ、医療や情報といった専門的な分野で順調に市場を開拓しつつあった。

しかしジョブズの悪い癖で、ネクストがあるにもかかわらず、しだいにピクサーの運営に口を出すようになる。彼の指示によって一般向けのコンピュータを販売するが、案の定、売れ行きはかんばしくなかった。厳しい経営がつづくピクサーにあって、ジョブズは大幅な予算カットを断行する。そのなかで頑なに守りつづけたのがアニメーション部門だった。

ジョブズがピクサーを買収した動機もよくわからないが、それ以上に厳しい経営がつづいていたピクサーで、費用のかかるアニメーションを懸命に守りつづけた理由がわからない。すぐれた芸術とデジタル技術を組み合わせれば、従来のアニメーション映画を一変させられると考えたのだろうか。だとしたら彼の直観は、まさに先見の明と言えるものである。それを可能にする技術と芸術性を、たしかにピクサーのアニメーション・チームは持っていた。しかし『ティン・トイ』で一応の成功を手にするまでに、ジョブズは5000万ドル近い自己資金をつぎ込むことになる。アップルで得たお金の半分以上である。もう一つの会社、ネクストも赤字つづきだというのに。

経営者としては完全にバランス感覚を欠いているが、それがジョブズを蘇らせる。1989年、先述のようにピクサーの短編アニメ『ティン・トイ』がアカデミー賞短編ア

Macintoshの開発チームメンバーでアップルを退社してネクストに同行した
ジョアンナ・ホフマン

ニメーション賞を獲得する。コンピュータで作られたアニメとしては初の快挙だった。これが一つの転機となる。

１９９１年、ローリーン・パウエルと結婚。ジョブズは36歳、パウエルは27歳だった。１９９５年、ディズニーから資金提供を受けてピクサーが制作した映画『トイ・ストーリー』が大ヒットする。ジョブズは最高のタイミングでピクサーの株式を公開する。このＩＰＯの大成功によって、それまで投入した資金を回収できた上に莫大な資産を手にする。彼にとってもピクサーにとっても、起死回生の一発だった。

そのころアップルは瀕死の状態に陥っていた。１９９５年はマイクロソフトのウィンドウズ95が発売された年である。ウィンドウズが大ヒットする一方で、マッキントッシュの売り上げは急速に落ち込む。市場シェアも１９８０年代の16％をピークに下がりつづけ、１９９６年には４％になった。アップルはＣＥＯを頻繁に交代させ、なんとか立て直しを図ろうとするがうまくいかない。

ジョブズが率いるネクストも倒れかけていた。アップルは自社製品にＯＳを提供してくれる会社としてネクストに目をつけ、会社の買収を打診してくる。ジョブズにとっては渡りに船だったが、ただ売るだけでは面白くない。アップルにネクストを買わせて自分も会社に戻る、しかも経営権を握る。そんなプランを彼が描いていたのかどうかわからない。結果的にそうなったわけだが、アップルに復帰当初のジョブズの肩書は「非常勤のアドバイザー」というものだった。

とはいえ、自分が創設したわが子同然の会社である。大切な子どもが堕落していくのを黙って見ているわけにはいかない。ジョブズは父親らしい行動に出る。まず息子を助けてくれそうな人物を社内の要職に就ける。同時に悪い友だちを排除していく。アップルの元社員に復帰を呼びかけ、外部からも有能な人材を引っ張ってくる。見込みのない事業は打ち切り、赤字を償却して会社から切り離す。

アップルの取締役たちも、このままではアップルは倒産すると考えていた。そこでジョブズにCEO就任を打診する。しかし彼は受けない。「アドバイザー」という曖昧な立場のまま、ビジネスのあらゆる側面にかかわっていく。曖昧な立場を利用してうまく立ちまわった、という見方もできるだろう。自分の要求が通らないならいつでも身を引きますよ、と言って取締役会に揺さぶりをかけ、承認を取り付けてしまう。

とりわけジョブズの真骨頂と言うべきは、「顧問」や「助言者」に過ぎない人間が取締役全員の辞任を要求したことだろう。改革を断行するために自分の息のかかった人間、彼に忠誠を誓う者だけを取締役にしたいということだったようだ。「そっちが辞めないならぼくが辞め、月曜日から出社しない」という言葉に、取締役のほとんどは呆気にとられたはずだ。だが、いま彼に出ていかれては困るし、倒産寸前の会社の取締役をつづけることの魅力もなくなっていたのだろう。

こうして現職の取締役は辞任し、ジョブズによって新たな取締役が任命されることになる。本来、取締役会はＣＥＯから独立した組織だが、一新された取締役会は実質的に彼が意のままに動かせるものとなり、独裁の体制が整えられていくことになる。ジョブズの会社への関与が可視的なものになるにつれて、アップルの株価は上がっていく。１９９７年８月にボストンで開催されたマック・ワールドは、さながらヒーローの帰還を祝うセレモニーになった。ジョブズのプレゼンテーションは、しだいにイスラエルの民を導くイエスを想わせるようなものになっていく。

１９９７年８月、彼は「シンク・ディファレント」をキャッチ・フレーズにしたＣＭを展開、会社の新たなブランディングを推し進める。さらに10月にはジョブズの暫定ＣＥＯ就任が発表される。これまでも彼は実質的にアップルのＣＥＯだったわけだが、ここにきてようやく（「一時的」にというエクスキューズは付いているものの）正式に会社の経営を引き継ぐことになる。ジョブズとアップルの取締役会は、しばらくのあいだ本命CEOを探したようだ。おかしいのはオファーを受けたほうが「あいつが取締役にとどまるならやりたくない」と回答してきたことだ。もっともなことである。結局、彼が無期限でCEOをやることになる。

このころからジョブズのなかで、アップルという会社を自分の「作品」とみなす意識がますます強くなっていったように思われる。会社を自己という人格の延長と考えたふしもある。だから無理を押して働きつづけたのだろう。ジョブズの超人的な働きによって瀕死のアップルは復活を遂げるが、あとから振り返ると、この時期に重ねた無理が彼の身体を蝕んでいったのかもしれない。

1998年8月、家庭用デスクトップ・コンピュータとしてiMacが発売される。キーボードとモニターとコンピュータが一体化し、箱から出したらすぐに使えるオール・イン・ワンのシンプルなデザインだった。しかも卵型の半透明のプラスチック・ケースに収まっているのでなかが見える。これこそアップルが自社ブランドとして打ち出していた「シンク・ディファレント」を体現するマシンだった。価格は1299ドルと高めだったにもかかわらず、年の終わりまでに80万台を売り、アップル史上最高の成績を上げることになる。

アップルの株価はジョブズが復帰した1997年7月の14ドル弱から、インターネット・バブルのピークと言われる2000年には102ドル以上になった。プレゼンテーションにもさらに磨きがかかっていく。ショーは周到に組み立てられ、会場には彼を助ける侍祭《じさい》があふれて、企業の製品発表というよりはミサや宗教的な伝道集会（キャンプ・ミーティング）といった雰囲気だ。ユーチューブなどであらためて見ると、彼のデモやプレゼンが、アップルの提供する製品と似ていることに気づく。小道具が少なくすっきりしたステージで、シンプルだが驚くほど緻密に計算されている。

2001年にはジョブズが設計からデザインの細部に至るまでかかわったアップル・ストアがオープンし、記録的な売り上げを達成する。そこはおしゃれなデジタル機器を扱うショップであるとともに、彼が生み出した作品を展示する美術館でもあった（実際にパワーマックG4キューブはニューヨーク近代美術館に展示されている）。この新しいタイプの店は人々に大きな興奮をもたらした。店舗がオープンするときには大勢の人が徹夜で列をなし、アップル・ストアのファンを対象とするウェブ・サイトまで立ち上げられた。

ジョブズの快進撃はつづく。つぎに彼が打ち出した戦略は、パーソナル・コンピュータをデジタル・ハブにするというものだ。それは音楽プレイヤー、ビデオ・レコーダー、カメラなど、さまざまな機器をコンピュータにつないで同期させ、音楽や写真や動画や情報などをすべてコンピュータで管理するという新しいライフ・スタイルの提唱だった。

現在では当たり前になっていることだが、当時、なぜそのような未来を彼が思い描き、またほとんど一人の力で推進できたのか不思議な気がする。iPod、iPhone、iPad……ミレニアムの最初の10年間に、アップルは文字通り世界の風景を変えてしまう製品をつぎつぎと世に送り出す。そしてマッキントッシュは、これらガジェット群のデジタル・ハブになっていく。

順番に見ていこう。まず2001年に音楽管理ソフトウェアとしてiTunesが発表される。さらにiTunesと連携するポータブルの音楽プレイヤーとしてiPodが発売される。アップルを単なるコンピュータ・メーカーから、世界最高の価値をもつテクノロジー企業へと変える原動力になった製品である。

２００３年には音楽ソフトのオンライン販売としてｉＴｕｎｅｓミュージック・ストアがオープンする。これは音楽をシンプルかつ合法的にダウンロードするための仕組みである。ｉＯＳのデバイス環境でなら1曲99セントで、いつでもどこでも聴きたい音楽を手に入れることができる。この新しい音楽の楽しみ方は、またしても消費者の潜在的な渇望を満たすものだった。4月のサービス開始から6日間で１００万曲を売り上げ、初年度の販売曲数は７０００万曲に達した。

同じ２００３年にはピクサーが制作したアニメーション映画『ファインディング・ニモ』が大ヒットする。この業績によって、ピクサーはかなりいい条件でディズニーに買収される。会社の運営資金はさらに潤沢になり、いよいよジョブズがアップルに専念する態勢が調う。しかし好事魔多し。彼の膵臓にがんが見つかる。医師はただちに手術を勧めるが、本人は代替療法を試みる。結局、1年後に手術を受けて膵臓の一部を取り除く。48歳だった。

のちに明らかにされたところによれば、このときすでにがんは肝臓に転移していたらしい。２００５年6月に、ジョブズはスタンフォード大学の卒業式で有名なスピーチをする。このなかでがんと診断され、手術を受けたことにも触れる。15分間に及ぶスピーチは、「ハングリーであれ、分別臭くなるな」という有名な言葉で締めくくられた。彼が青年時代に愛読したスチュアート・ブランドの雑誌『ホール・アース・カタログ』の最終号に添えられていた言葉だった。

4

神をポケットに入れて

ジョブズのプレゼンテーションはすでに伝説になっている。製品の売上総額をプレゼンの時間で割った数字から「3分間で100億円を生む」とも言われた。1998年のiMac、2001年のiPod、2007年のiPhone、2010年のiPadと、いずれも見事なパフォーマンスを披露している。

アップルⅡの時代からアップル社のマーケティング戦略を主導し、マーケティングの面でジョブズに大きな影響を与えたといわれるのがレジス・マッケンナである。マッケンナから学んだことの一つは、新しい技術を魅力的なストーリーで語るということだ。当時、シリコン・バレーのみならず世界中を見渡しても、ジョブズほどそれを見事にやってのける者はいなかっただろう。

スマートで視覚的な演出。自信に溢れた語り口。声には力がある。ユーモアを交えながら、カジュアルな服装で友だちみたいに振舞う。いつもユーザーの立場に立って語りかけている。彼の好きな「革命的なユーザー・インターフェイス」だ。

率直な物言いをする。ときに他社の製品を名指しで攻撃する。彼には攻撃する理由があった。醜いからだ。ジョブズが「アグリー」と言うとき、本当に醜い感じが伝わってくる。彼は醜いものを憎む。それは異教徒であり敵なのだ。アップルが送り出す製品は常に「クール」でなければならない。そこで自社製品を差別化する。自分たちが作ったものがいかにクールであるか、説得力のあるパフォーマンスで伝える。

「携帯からボタンを取ってしまって巨大な画面にするんだよ。じゃあ、どうやって操作するんだ？　マウスは無理だよ。スタイラス・ペンなのかい？　ダメだ。誰がスタイラスを欲しがる？　すぐなくしてしまうよ。誰もが生まれたときから持っている世界最高のデバイス、そう指を使うんだ。新しい技術を開発した。名前はマルチ・タッチ」

ジョブズの一挙手一投足に聴衆は熱狂し、拍手と歓声が上がる。ステージの上でｉＰｈｏｎｅを操作して見せるジョブズは、まるで奇蹟を行うイエスのようだ。彼はいま福音を届けにきたのだ。ｉＰｈｏｎｅという物質的なかたちあるものとして。アップル・ストアは教会か伝道所のようだ。熱狂する聴衆は顧客やユーザーというよりも信者のように見える。

ジョブズのプレゼンには伝道や布教のイメージがある。とくにがんを患ってからの彼には、ぼくたちのよく知っているイエスのイメージが重なる。イエスが神と人間のあいだを取り持ったように、ジョブズはテクノロジーと人間のあいだを取り持った。どうやって？　テクノロジーをパーソナルなものにすることによって。そんなことはかつて誰

「最終的に未来は予測不可能な形に変化する」
アップルのマーケティングを担当したレジス・マッケンナ

も考えなかった。ＩＢＭに象徴されるテクノロジーは政府や企業のもので、パーソナルとは対極的なものだった。それは巨大で「醜い」ものだった。

このビッグ・ブラザーに齧《かじ》りかけのりんごが戦いを挑む。ジョブズにとって「パーソナル」とは何よりも小型化を意味した。コンピュータを持ち運びできるものにする。アップルを立ち上げたときから、彼がそこまで考えていたかどうかはわからない。だが現に彼は持ち運びできるコンピュータを作ってしまった。それはコンピュータからテクノロジーの匂いを消すということだ。

いまやほとんどの人は、自分の上着やズボンのポケットに入っているスマホをスーパー・コンピュータとは思っていないだろう。ではなんと思っているのか？　なんとも思っていない。「何」と意識することさえないところまで、スマホからはテクノロジーの匂いが消えている。

半導体の集積率が18カ月ごとに2倍になるというムーアの法則は、それ自体は量的な変化に過ぎない。この指数関数的な進歩は、どこかで質的な変化に転位した。それはコンピュータがテクノロジーから解放されたということであり、技術が技術を超越したということだ。

考えてみよう。一台のｉＰｈｏｎｅを持っているということは、大英博物館やルーブル美術館をポケットに入れて持ち歩いていることに等しい。人類の叡智が、人類史そのものがポケットに入っていると言ってもいいだろう。いまでは誰もが神をポケットサイズにしてしまったと言ってもいいだろう。神をポケットに入れて持ち歩いている。これがジョブズの成し遂げたもっとも革新的なことだ。

新約聖書で物語られた「イエス」が歴史的に果たした役割は、神と人間のあいだを取り持ち、両者の関係を親密にするということである。つまり神と人間のあいだの「革命的なインターフェイス」を実現した。イエスをとおして人々は気軽に、カジュアルに神にアクセスすることができるようになった。一人ひとりの人間が個人として「パーソナル」に神と対峙できるようになった。

イエスは神を内面化したと言ってもいい。これは人間の歴史を覆すくらいショッキングなことだった。イエスの２０００年後に現れたジョブズは、神を手のひらサイズにしてポケット化してしまった。これもまたイエスに勝るとも劣らず衝撃的なことだと言える。

イエスが生きた時代、神にアクセスできるのは神殿の祭司たちだけだった。彼らは研鑽《けんさん》を積んだ学者や祭司貴族だった。神は人々のものではなかった。旧約聖書に見られるように、それは超越的で絶対的なものだった。シナイ山でモーセがヤハウェから授かる十戒のはじめには、「おまえにはわたし以外に他の神々があってはならぬ」と記されている。以下、禁止と責務の記述が連なる。

旧約聖書の神は何よりも厳しい戒律をもたらすものだ。ヨブが身をもって体験したように、神とは無慈悲な存在であり、その暴虐はときに不条理を極めた。だから王のような権力者を必要としたのだろう。絶対的な権力をもった王だけが神の暴虐を鎮めることができた。逆に言えば、神と交信することのできる王のみが、神との秘密の約束をとおして民を平定することができた。

甲骨文字は3300年ほど前に、中国最古の王朝・殷《いん》の時代に生まれたとされている。牛の肩甲骨や亀の甲羅に刻んであることから甲骨文字と呼ばれる。殷の王は神の意志を問うことによって政治を行った。ここでも神にアクセスできるのは王ただ一人である。

王は「貞人」と呼ばれる占い師の集団を率いて神の意志を質した。その前に盛大な祭事が催された。祭事には犠牲が捧げられる。犠牲は牛がいいか、羊がいいか、何頭がいいか。この占いの結果を記録したものが甲骨文である。

遺された甲骨文を見ると、ときには百人の異族の首が犠牲として捧げられることもあったようだ。何百人もの人間を犠牲として捧げなければ、神へのアクセスはかなわなかったということだろう。この神と人間の隔たり方は尋常ではない。王の絶対的な権力は、神との途方もない隔絶によって保証されていたとも言える。なにしろその声を聞くために百人の首を刎《は》ねなければならないほど、神は遠い存在だったのである。

神に近づけるのは、牛でも羊でも人でも、神の要求に応じて犠牲を取り揃えることのできる王だけだった。甲骨文に刻まれた神も「出エジプト記」や「ヨブ記」に描かれた神も、まったく同質だ。それは人々の手に負えず、ただ畏怖するしかない存在である。


イエスは自らの人格に神を縮約したと言える。もちろん本人が望んだわけではない。イエスが実在したかどうかも二義的なことだ。人々が「神の子・イエス」という観念を強く求めたことが重要なのだ。そこで何が起こったのか？　イエスの死後、彼を愛し信仰することが神への回廊となった。

パウロをはじめとする原始キリスト教の人たちは、イエスを「神の子」とする教団をつくり、神の国へ呼び入れられるための手引きとして、新約聖書に収められることになる受難の物語を著した。そこに描かれたイエスには、もはやモーセやヨブが遭遇した神のような横暴さや理不尽さはない。人類の罪を背負って十字架刑に処せられたいたわしい御方であり、そのキャラクターは物静かで慈愛に満ちている。あたかもダ＝ヴィンチの『最後の晩餐』に描かれたような、やせ形の憂いを帯びた宗教的指導者である。

ジョブズの生涯に起こったことも、イエスの伝承をめぐって起こったことに似ている。彼とアップルという会社の航跡は、イエスの物語を福音として告げ知らせようとしたパウロたちの足跡と重なる。新約聖書の物語をとおして、旧約の横暴で理不尽な神が、穏やかな羊飼いを想わせるイエスという人格に縮約されたように、ジョブズたちは神を、「誰もが生まれときから持っている世界最高のデバイス、指を使って操作する」ことのできるポケットサイズのタブレットにまで縮約してしまった。いまや神はｉＰｈｏｎｅと呼ばれるスマートなガジェットに姿を変え、世界中に多くの信者を生み出している。

人種も国籍も異にする何十億もの人々が、ジョブズたちのもたらしたものに帰依している。キリスト教徒もイスラム教徒も仏教徒も使っている。ＩＳやヒズボラの人たちも使っている。三大宗教を超えた、まさに正真正銘の世界宗教と言える。この新しい世界宗教の中核をなしているのがテクノロジーであることは間違いない。そしてテクノロジーは膨大なデータと結び付いている。さらにテクノロジーもデータも、貨幣とのあいだに互換性がある。

これらが現代の神なのだ。テクノロジーとデータと貨幣を三位一体とする神。全人類を統括し、平定する絶対的な神。モーセが遭遇した神は、なおウランの原石みたいなものだった。誰かが解放してしまったのだ。本当は「神」の封印を解いてはならなかったのかもしれない。核と同じようにエネルギーを解放してはならなかった。そこには私性と欲望が封じ込められているからだ。

しかし好むと好まざるとにかかわらず、神はテクノロジーとデータと貨幣として解放された。この神は1%と99%を望んでおられる。望んでいないまでも、選ばれた一握りの人たちが地上の富を独占することを是認している。その結果、マタイ伝（10章34節）にあるように、世界には平和のかわりに剣が投げ込まれた。

ジョブズ一人の責任ではないだろう。誰の責任というよりは、人間はもともとそうだったと言うべきかもしれない。少なくとも殷王が百人の首を刎ねて神に捧げていた時代には、すでに人間は現在のような仕様になっていた。そう考えると、甲骨文字が発明された時代から現在まで一瞬だったとも言える。

モーセが神から授かった石板には、人として順守すべき戒めが書かれていた。強力な魔術を秘めているポケットサイズのタブレットに何が書かれているのか、まだ正確に読み解いた者はいない。

5

世界を変える

アップルが世界的なパーソナル・コンピュータ企業になったころ、ジョブズは「コンピュータが1人1台の世界になれば何かが変わるはず、10人に1台の世界とはまったく違ったものになるはず、そう思ったから会社をつくったんだ」と言っていたらしい。「コンピュータの使い方を学ばなければならないという障壁を取り除きたいと思っている」とも語っている。実際に、アップルはそうした製品をつぎつぎと生み出していくことになる。

コンピュータというパワフルなテクノロジーを多くの人が使えるようになったときに何かが起きる。何が起きるのかわからない。だが何かが変わるのは間違いない。世界が、人間そのものが。なぜなら一人ひとりが自分のコンピュータを持つようになれば、人々の行動様式が変わるからだ。おそらく思考様式も変わるだろう。つまり未来が変わるのだ。

ジョブズには革命家としての一面がある。ただ彼のなかに、どういう世界にしたいかという明確なヴィジョンはなかったように思う。とにかく世界を変えるようなことがしたい。あとのことまでは責任をもたない。ジョブズらしいけれど無責任でもある。

もう一つ、イエスやレーニンとは違い、彼は言葉でも暴力でもなくテクノロジーによって世界を変えようとした。より正確にいえば、テクノロジーと人間の関係を変えることで世界を変えたいと思った。また変わるはずだと信じていた。同じことを言ったのは彼が最初ではないかもしれないが、ジョブズほど強い説得力をもって人々に訴えた者はいない。彼には頑なな信念と熱意があった。その試みは最後には文字通り命がけのものになった。その本気度が多くの人に伝わったのかもしれない。

ジョブズがこだわったのは「自分のコンピュータ」ということだった。これはたんに「1人1台」ということではない。使う人が自分を表現し、新しい可能性を引き出せるマシンでもある。そのために彼はシンプルさを求めた。普通の人が思いのままに使えるソフトウェアとハードウェアを提供する。しかもそこに人間味が感じられなければならない。美しさや感動といった人間的な魅力を備えていなければならない。ジョブズが設定するハードルは常に高い。

彼が何よりも魅了されていたのはコンピュータと人との接点だった。ユーザー・インターフェイス。それはときとして時代や顧客のニーズと合わないこともあった。過剰なこだわりは会社を低迷させ、本人がアップルを追放される一因にもなった。同時に、アップルというブランドへの根強い人気と信頼を築き上げた。

いまでもアップルの製品を使うことに、ユーザーは大なり小なりのこだわりをもっている。なかには「信者」と言ってもいいほど強い思い入れを抱いている人もいる。ｉＰｈｏｎｅやｉＰａｄを使うことは、他社の同じような製品を使うこととは違う体験なのだ。この特別な体験を多くの人が求めたことで、たしかに世界は変わった。いまも変わりつつある。どう変わったのか？　いいほうに変わったのだろうか。変化はぼくたちに何をもたらしたのだろう。

１９７５年、ホームブリュー・コンピュータ・クラブでジョブズとウォズニアックが出会い、二人で会社を立ち上げたころ、コンピュータの世界に「パーソナル」という言葉はなかった。それどころかコンピュータはパーソナルからはもっとも遠い場所にあった。現代型のコンピュータの特性を備えた世界初の機械は１９４５年11月に完成したＥＮＩＡＣと言われている。「Electronic Numerical Integrator and Computer」は直訳すると「電子式数値積分計算機」となる。その目的は対ドイツ戦でヨーロッパに配備される大砲の弾道を計算することだった。

普通の人が家で使えるコンピュータという意味での「パーソナル・コンピュータ」と

いうコンセプト自体は、１９４５年にはすでに現れている。この年、アトランティック誌に発表された「我々が思考するように」という論文のなかで、著者であるヴァネヴァー・ブッシュは現在のパーソナル・コンピュータにつながるヴィジョンを示し「メメックス」と呼ばれる個人用コンピュータを構想している。マウスの開発者として知られるダグラス・エンゲルバートなどにも大きな影響を与えたとされる論文である。

しかし60年代をとおして、コンピュータがパーソナルな方向に発展することはなかった。それはなお巨大かつ高価で、手厚く保守する必要があり、とても個人で所有できるものではなかった。特殊な研究機関で軍事や宇宙開発のためにタイムシェアリング（１台のメインフレームに多くの端末をつなぎ、何人ものユーザーがコマンドを入力することで操作する）で使うものであり、一般人には触れる機会さえほとんどなかった。

１９７０年代に入り、ＤＥＣ（デジタル・イクイップメント・コーポレーション）がＷＡＸなどのミニ・コンピュータを作るようになっても、業界では普通の人が所有し、机の上に乗せて使えるモデルに需要があるとは考えられていなかった。１９７４年に当時のＤＥＣの社長は「個人が自分のコンピュータを欲しがる理由など思い当たらない」と断言している。

その間もムーアの法則は働きつづける。インテルの創業者の一人であるゴードン・ムーアが1965年に提唱したことから「ムーアの法則」と呼ばれるこの経験則は、一般には「半導体の集積率は18カ月で2倍になる」と簡略に表現されることが多い。これは「半導体のコストは18カ月で半分になる」ということでもある。細かい誤差はあるにせよ、トランジスタやマイクロ・チップが短期間で飛躍的に高性能化し、小型化し、安価になっていくことは間違いない。

それを後押ししたのが冷戦下の軍事的な需要と、ジョン・F・ケネディ大統領が打ち出した宇宙開発計画だった。ミニットマン・ミサイルを誘導するのにもアポロ・ロケットを操縦するのにも大量のマイクロ・チップを必要とする。政府関連での大量の需要が見込まれることから単価は急速に下がっていく。こうして一般消費者向けのデバイスにもマイクロ・チップを載せられる市場が生まれた。

1人に1台とはいかないけれど、わが家にも1台のコンピュータがやって来た。電卓である。これこそ、ぼくたちが最初に触れたコンピュータ（電子式計算機）だった。ミニットマン・ミサイルとアポロ・ロケットは、日本の小都市で暮らす公務員一家に電卓を運んできたのである。中学生のときだから1972、3年だろうか。四六判の本くらいのサイズの電卓を、うちの母は夜な夜な家計簿をつけるのに使っていた。一方で小学生の妹はそろばん教室に通っていた。時代は変わろうとしていた。

調べてみると、1964年に発売された早川電機（現シャープ）のOS－10Aの価格は53万5000円である。なんと、あのちゃちな電卓が当時のお金で50万円もしたのだ。1965年にはカシオが電卓に参入、その001型は38万円。まだまだ高価である。しかしムーアの法則がいよいよ本領を発揮しはじめる。それまでの電卓は電子回路にラジオ用のトランジスタを用いていた。このため計算機は大型で高価になる。代わりにIC（集積回路）やLSI（大規模集積回路）などのマイクロ・チップを使おうと考える人たちが現れる。

LSIの登場で電卓の価格は一気に下がりはじめる。1969年、シャープが世界初のLSI電卓を開発。価格も9万9800円と10万円を切ったことから爆発的なヒット商品となった。1971年、ビジコンが電池駆動のポケットサイズ電卓を発売。価格は8万9800円。さらに立石電機（現オムロン）が5万円を下まわる電卓を発売する。たった5年ほどで値段は10分の1になった。1972年になるとカシオが1万2800

円の電卓を発売。このころから業界は価格破壊の様相を呈してくる。いまやそれは100円ショップで売られている。

1976年に村上龍の『限りなく透明に近いブルー』が出版される。ぼくは高校3年生で、文学好きの友だちが作品について話していたのをおぼえている。さらに時代が下って1979年、村上春樹が『風の歌を聴け』でデビュー。そのころぼくたちはピンボールではなくインベーダー・ゲームに夢中だった。正式な名前は「スペース・インベーダー」で、タイトーというゲーム会社が発売したアーケード・ゲームである。

隊列を成して近づいてくるインベーダーを、左右に動く砲台で撃ち落としていく。いちばん下までおりてくるとゲーム・オーバーだ。そうなる前にインベーダーを全滅させなければならない。だがインベーダーは数が減ると移動速度が速くなってくる。打ち落とすには高度な技術が必要だ。来る、来る……だめだ、占領された！

あれはなんだったのだろう。大学3年生の夏休み、ぼくたちは郷里の喫茶店に入りびたり、氷が解けて薄くなっていくアイスコーヒーのことも忘れて延々と100円玉を投入しつづけた。ちょっとした依存性があったのかもしれない。このインベーダー・ゲームこそ、ぼくたちが最初に触れたコンピュータ・ゲームだった。

侵略者を動かしているのはアルゴリズムである。敵はこちらを認識すると攻撃してくる。かなり複雑なアルゴリズムで動いていたのではないだろうか。ぼくたちはインベーダーと戦いながらコンピュータとも戦っていたのだ。これがのちにチェスのディープ・ブルーやアルファ碁へと進化していくとはつゆ知らず。

もう一つ、ぼくたちは1979年のインベーダー・ゲームをとおして、コンピュータは計算などの実務的な処理を行うだけではなく、一緒に遊ぶものでもあることを体験した。小型テーブルほどのかさばる代物ではあったが、簡単なグラフィック・ディスプレイを備えており、レバーを動かしたりボタンを押したりという単純な操作によってプレイすることができた。つまりコンピュータを自分の手でリアルタイムに応答させることができたのだ。

いまから考えると、インベーダー・ゲームはパーソナル・コンピュータの要素をほとんど兼ね備えていたことになる。しかし当時はそんなことに気づくはずもなく、夏休みが終わるとゲームにたいする情熱は嘘のように冷めてしまった。ぼくにとってそれはひと夏の体験に過ぎなかった。

だが、熱が冷めなかった人たちもいた。サンフランシスコのベイエリアにも、ぼくたちと同じようにコンピュータ・ゲームに夢中になった若者が大勢いたはずだ。彼らの一部は筋金入りの電子機器のマニアで、のちに「ハッカー」とか「ギーク」とか呼ばれるようになる。無線機を改造して盗聴を働いたり、電話をただでかけたり、といったことに夢中になるタイプの連中だ。

もともと悪戯好きの気質をもっていたのだろう。彼らにとってコンピュータ・ゲームは格好の遊び道具であるとともに、自分たちの技術を試す実験の場でもあった。こうした人たちのなかから、自分で会社を立ち上げようという者が現れてくる。ゲーム会社「アタリ」を設立したノーラン・ブッシュネルもその一人だった。彼が1972年に作ったゲーム・マシン「ポン」は単純なピンポン・ゲームだ。このマシンが大ヒットして会社は急速に大きくなっていく。1974年、リード・カレッジを中退してロス・アルトスの自宅に戻っていたジョブズが、「雇ってくれるまで帰らない」と言ってもぐりこんだ会社である。

そのころヒューレット・パッカードに勤めていたウォズニアックはアタリ社の近くの

「私の目的は、未来に起こりうることをより速くすることだ」
ゲームのアタリ設立者ノーラン・ブッシュネル

アパートに住んでおり、夜になるとアタリ社にやって来てビデオ・ゲームで遊んだりしていたらしい。１９７５年、ブッシュネルはポンの改良版（「ブレイクアウト」）の開発をジョブズに指示する。ジョブズはウォズニアックを巻き込んでこれを完成させる。

以前にも二人は「ブルー・ボックス」という怪しげな機械で小銭を稼いだことがあった。１９７１年、ある雑誌に、AT&T社の交換機に使われるトーンをつくり出すことで、長距離電話をただでかける方法を見つけたハッカーの話が紹介されていた。それを読んだウォズニアックはデジタル式発信機「ブルー・ボックス」を自分で作ろうと思い立ち、完成にこぎつける。

これを金儲けに結び付けたのはジョブズだ。彼は必要な部品を調達し、出来上がった製品を売りさばいていった。二人は確かな手ごたえを感じたはずだ。少なくともジョブズは感じたに違いない。自分たちの作ったもので世界の電話網を制御したのだ。もっと別のものを作って世界に衝撃を与える。世界を変えることが現実味を帯びてきた。

すでにマイクロ・チップなどの部品が安くなっており、個人でもコンピュータを持てる時代になっていた。しかし製品として作っている会社はない。それなら自分で作ろうとウォズニアックは考える。こうして生まれたのがアップルⅠと呼ばれるワンボード・

マイコンである。ホームブリューの例会で紹介すると好評だったため、人のいいウォズは回路図の無料配布をはじめる。

ジョブズはこれをやめさせ、自分たちでプリント基板を作って販売しようと説得する。ウォズが作ったものをジョブズがビジネスにしていく。いよいよ彼らの会社を立ち上げる時機が来ていた。

6

シリコン・バレー

サン・ノゼからパロ・アルトをサウス・サンフランシスコまで60キロメートル以上にわたってつづくサンタクララ・バレーは、現在ではヒューレット・パッカードやインテルをはじめとして、アップル、グーグル、フェイスブック、ヤフー、ツイッター、ユーチューブなど多くのＩＴ企業が本拠を置く一帯となっている。このあたりが「シリコン・バレー」と呼ばれるようになった経緯についてはよくわからない。一説によれば、１９７１年に週刊の業界紙ではじまった連載に「シリコン・バレー」の名前が使われたのが発端だという。

１９５０年代まではりんごやアプリコットなどの果樹園が広がる長閑《のどか》な農業地帯だった。ここに半導体がやって来たのは、１９５５年にベル研究所に在籍していたウィリアム・ショックレーがマウンテン・ヴューにトランジスタの会社（ショックレー半導体研究所）を設立したのが最初とされる。また冷戦時代を反映して、軍事関連の会社がこのあたりに集まることになる。

１９５５年生まれのジョブズがはじめてコンピュータ端末を見たのも、実家の近くにあったＮＡＳＡ（米国航空宇宙局）のエイムズ研究所だった。研究所の隣にはロッキード社のミサイル航空宇宙部門がおかれ、潜水艦発射弾道ミサイルをつくっていた。他にも最先端の軍事企業が勢ぞろいしていた。それに関連した技術系の会社もたくさん集まり、活発に活動していた。少年時代のジョブズは、こうしたハイテクで謎めいた雰囲気に包まれて成長したことになる。

その彼がりんごとシリコン（ケイ素）を結び付けた「アップル・コンピュータ」という名前の会社を創業したことは、なんだか出来過ぎた話のように思える。ひところジョブズは、果物とデンプンを含まない野菜しか食べないといった極端な菜食主義を実践していた。きっとりんごもよく食べていたのだろう。「元気がよくて楽しそうな名前だし、怖い感じがしないのもよかった。アップルなら、コンピュータの語感が少し柔らかくなる」ということらしい。

話を50年代に戻そう。自らの名を冠した研究所でショックレーたちがやろうとしたことは、当時一般的だったゲルマニウムの代わりに、安価なシリコンでトランジスタを作ることである。「シリコン・バレー」という名前は、このとき半導体の原料として使われたシリコンに由来している。その後、ショックレーのプロジェクトでシリコン・トランジスタの研究をおこなっていたロバート・ノイスやゴードン・ムーアら八人のエンジニアが独立して会社を設立する。

やがて会社を退社したノイスが、ゴードン・ムーアやアンドルー・グローヴらとともに新たに設立した会社がインテグレーテッド・エレクトロニクス・コーポレーション、すなわちインテルである。１９８０年代に入ると、インテルはメモリー・チップからマイクロ・プロセッサへ事業を転換し、大きく成長していく。

シリコン・バレーに多くのベンチャー企業が集まるようになった要因としては、スタンフォード大学の存在も大きい。西部開拓時代の大陸横断鉄道で名を馳《は》せたリーランド・スタンフォードが、15歳で病死した一人息子を追悼する意味で１８５５年に設立した私立大学である。遺言のなかでリーランドは、大学の土地を売却することを禁じていた。このため大学は所有する広大な土地を企業に長期貸与し、一種の工業団地（インダストリアル・リサーチ・パーク）を作ることにした。１９５３年にはじまるこのプロジェクトは資金調達と産学双方の活性化を促し、多くのハイテク産業がシリコン・バレーに集まるきっかけになった。

半導体というのはその名のとおり、電気伝導性のいい銅などの導体と、イオウやゴムのように電気抵抗率の大きい絶縁体の、中間的な性質をもつ物質のことで、ケイ素（シ

「（コンピュータにより）情報共有して時間と空間の壁を取り除くことは、
個人だけでなく、最終的にビジネスを大いに変えるだろう」
インテル設立者メンバーのアンドルー・グローヴ

リコン）やゲルマニウムなどが代表的である。半導体は熱や光、磁場、電圧、電流、放射線などの影響で、その伝導性が顕著に変わる。こうした半導体の電気的特性を利用して作られる電子部品（半導体素子）がトランジスタである。ではトランジスタは、コンピュータでどういう役割を果たしているのか？

コンピュータとは数学的演算を行う電子計算機である。現在のデジタル・コンピュータは、アラン・チューリングが提示した理論上のモデルをフォン・ノイマンが実装したもので、ノイマン型（ノイマン・マシン）と呼ばれる。その特徴は、二進法の基本演算を組み合わせることで、あらゆるデジタル処理が可能になるように設計されていることだ。簡単に言うと、一つの論理が等式のかたちで与えられていて、入力がこの論理を満たすかどうかで1か0を出力する。基本的な論理演算を行う回路は三つあり、それらを組み合わせることで加算や減算といった演算を行う。コンピュータのプログラムは、こうした電子的演算を行う命令で構成されている。

コンピュータでは論理演算の真か偽か（1か0か）に高電圧と低電圧が対応している。このためコンピュータを作動させるためには、電流を正確にコントロールする必要がある。初期のコンピュータはこれを真空管で行っていた。フィラメント（陰極）とプレート（陽極）のあいだにグリッド（制御格子）を配置した、いわゆる三極菅である。三極菅は信頼性が低いうえにかさばる。１９４７年から１９５５年まで試験的に運用されたＥＮＩＡＣは１８０００個の真空管（三極菅）で構成され、テニスコートほどの大きさで重さは30トン近くもあった。真空管はしょっちゅう切れるためにメンテナンスが大変である。また１時間当たりの消費電力は15世帯の１日分に相当した。まさに犯罪的な燃費の悪さだ。

真空管にくらべてトランジスタ（ＮＰＮトランジスタ）はずっと効率的でコンパクトだ。原理は三極管と同じで、ある閾値《いきち》（境目となる値）を超えた電圧がかけられると電流が流れ、そうでなければスイッチはオフのままになる。入力電圧のわずかな変動により、出力電流の高低をすばやく切り替えることができる。現在のコンピュータには数十億のトランジスタを組み込んだマイクロ・プロセッサが使われ、毎秒何兆もの計算を行っている。それを支えているのは数億分の１秒単位で繰り返されるスイッチのオン・オフという単純な作業である。

１９７０年代のコンピュータにはすでにトランジスタが使われていたものの、なおメインフレームと呼ばれる巨大なマシンだった。専用の部屋が一つ必要になるような代物で、とても個人で所有できるものではない。使っているのは主に航空会社や銀行、保険会社、一部の大学などだった。

少し個人的な話をさせてもらうと、ぼくが大学に入ったのは1977年で、当時は理学部に電算機センターというコンピュータ専用のフロアがあった。どういう経緯だったか、電算機センターでいらなくなったものを処分する手伝いをしたことがある。大きな段ボールを幾つも運び出した。なかに入っていたのはパンチカードである。

当時のコンピュータはカードによってプログラムを読ませていた。COBOLやFortranといったプログラミング言語を使い、1行1ステップで計算や分析の論理的な流れを書いていく。ぼくも授業を受けたことがあるけれど、時間の無駄だと思ってすぐにやめた。ただでさえ面倒くさいプログラムを、さらにタイプして穴の開いた場所で表示していく。簡単なプログラムでも数十枚のカードを必要とし、複雑なプログラムになると何百枚、何千枚ものカードが必要だった。このパンチカードの処分を手伝ったわけである。

70年代をとおしてトランジスタは驚異的なスピードで進化していく。ゴードン・ムーアが予測したとおり、ＩＣ（集積回路）はあっという間にＬＳＩ（大規模集積回路）へ移行し、複雑な処理を行うために組み合わされた複数の回路が、たった一つのチップに取って代わられた。かつてはハンダ付けされた回路基板が、わずか数センチ四方の小さなチップのなかに組み込まれ、そこから汎用のマイクロ・プロセッサが生まれる。

最初の汎用マイクロ・プロセッサと言われるインテル４００４は、もともと四則演算をさせるために開発された。つづいて発表された８００８、３代目の８０８０へと進化するにつれて性能は著しく向上し、より複雑な命令を実行することが可能になった。この汎用マイクロ・プロセッサにソフトウェア・プログラムという命令群を読み込ませることで、用途を大幅に拡張したのがマイクロ・コンピュータである。これがのちにパーソナル・コンピュータと呼ばれることになる。

１９７５年、ＭＩＴＳ社がマイクロ・プロセッサに他の部品をつけ、マイクロ・コンピュータの組み立てキットとして販売する。雑誌のメール・オーダーで販売された「アルテア（Ａｌｔａｉｒ）」というキットは、プログラミングをすること以外に明確な用途をもつものではなかったが、予想外のヒットとなりマニアのあいだで流行になる。マイクロソフトを創設するビル・ゲイツとポール・アレンも、このキットに触発されてアルテア用ＢＡＣＩＣの開発をはじめたと言われている。

マニアのあいだでコンピュータのミニチュア版を自分たちで製作することがブームになっていく。専門誌が創刊され、情報交換会が自発的に開かれるようになった。その一つがゴードン・フレンチとフレッド・ムーアが立ち上げたホームブリュー・コンピュータ・クラブである。当時、５種類ほどあったマイクロ・プロセッサの情報を共有することが会合の趣旨だった。このクラブでジョブズとウォズニアックは親交を深めていく。ときにジョブズは21歳、ウォズニアックは26歳だった。

7 カリフォルニア・ドリーミング

1960年代のはじめごろ、カリフォルニア南部ではサーフィンが大流行した。サーファーたちの多くはバンドをやっていて、それなりに地元のファンをつかんでいたらしい。ウィルソン家の長男ブライアンはサーフィンをやったことがなかったが、弟のデニスはいっぱしのサーファーだった。デニスはブライアンに「おれたちもサーフィンの曲をやろうぜ」ともちかける。ブライアンはいとこのマイク・ラブと二人で「サーフィン」「サーファー・ガール」「サーフィン・サファリ」といった曲を書き上げ、弟たちを含むバンドで練習をはじめる。バンド名はザ・ビーチ・ボーイズ。場所はウィルソン家のガレージだった。

ウォズニアックは否定しているけれど、ジョブズの公式な伝記ではロス・アルトスにある実家のガレージでアップルIを組み立てる作業が行われたことになっている。ジョシュア・マイケル・スターン監督の映画『スティーブ・ジョブズ』(2013年)でも、養父が日曜大工に使っていた狭いガレージに仲間を集めて作業をするシーンが描かれていた。

真相はどうであれ、「ガレージで起業」という伝説が広く流布されているのは、彼らのなかに共通して流れていたアマチュアリズムを象徴しているからだろう。ウォズニアック自身がもともとアマチュア無線愛好家だったし、コンピュータを使ってプログラムを書くことに興味対象が移ってからも、HP社に勤めながら趣味や楽しみのために自室でデザインや図面書き、ハンダ付けやチップの取り付け作業などを行っていたらしい。ジョブズとウォズニアックが出会ったホームブリュー・コンピュータ・クラブにしても、ビジネスを目的とするものではなくマニアがノウハウを交換したり技術を披露したりする場だった。

1970年代に黎明期のシリコン・バレーでウェスト・コースト・コンピュータ・フェア（WCCF）を主宰したジム・ウォーレンによると、60年代の終わりごろからサンフランシスコを中心とするベイエリアで、「フリー・ユニバーシティ」と呼ばれるヒッピー文化の流れを汲む活動が活発になっていたらしい。これは老若男女を問わず学ぶ機会を均等にシェアしようという試みで、大学に入らなくても何かを学びたい人が自由に学び、教えたい人が教えるというものだった。マッサージやサイケデリックにかんする課目もあったというから、きっと講師も生徒もマリファナやLSDをたしなみながら教えたり学んだりしていたのだろう。いかにもこの時代のカリフォルニアという感じである。

彼らに共通していたのは、世界を変えようという情熱である。知識を平等に共有する

West Coast Computer Faireを開催したジム・ウォーレン

ことで社会のヒエラルキーを打ち崩す。自由な学びの場をつくることで管理社会に対抗する。パーソナル・コンピュータもこうした時代のうねりから生まれた。

ジョブズたちが会社を立ち上げたころ、コンピュータ業界は1950年代から変わらずIBMが牛耳っていた。前にも触れたように、当時はまだメインフレームと呼ばれる大型の汎用コンピュータが主流の時代で、ユーザーは航空会社や銀行、保険会社、大学などだった。IBMの本社はニューヨーク市郊外にあり、その他の会社（バローズ、ユニバック、NCR、コントロール・データ・コーポレーション、ハネウェルなど）もボストンやデトロイト、フィラデルフィア、ミネアポリスといった東海岸に本拠を置いていた。シリコン・バレーにはヒューレット・パッカードがあったけれど、そのころは計測器や電卓が主要な商品だった。

このあたりの事情はビーチ・ボーイズがレコード・デビューしたころの音楽業界と似ている。当時の音楽ビジネスの中心はマンハッタンで、有名なブリル・ビルディングにオフィスを構えた音楽会社がバート・バカラック＆ハル・デイヴィッド、キャロル・キング＆ジェリー・ゴフィン、リーバー＆ストーラー、バリー・マン＆シンシア・ワイルといったソングライター・チームと契約してヒット曲を量産していた。またキャピトル、

RCAヴィクター、MGM、デッカ、マーキュリー、コロンビアといった主要なレコード会社は、スターになる資質をもった歌手としか契約を結ばなかった。すなわちコニー・フランシス、ブレンダ・リーといった白人で中産階級のアメリカ人である。

一方、ロサンゼルスの音楽業界は完全にマイナーな存在だった。サーフ・ミュージックをやっているような西海岸の若い歌手やバンドは、「インディーズ」と呼ばれる小さな独立レーベルを頼りに細々とレコーディングをつづけていた。

1970年代中ごろにはじまるパーソナル・コンピュータの歴史も、ガレージや小さなショッピング・センターなどで会社をはじめた、ジョブズやウォズニアックみたいなむさくるしい身なりの若者たちが担うことになる。彼らはまさにガレージ・バンドであり、彼らの会社はIBMなどから見れば紛れもなくインディーズだった。だがガレージ・バンドとしてはじまったビーチ・ボーイズが「サーフィンUSA」で突破口を開き、あっという間に『ペット・サウンズ』の高みに上り詰めていったように、ジョブズとウォズニアックの会社もアップルⅡを皮切りに、文字通り歴史を変えるような製品をつぎつぎと世に送り出していく。

ガレージで起業というイメージが頭のどこかにあったのだろう。実際に訪れたアップル本社は、伝説やイメージとはまるでかけ離れたものだった。ぼくたちが訪れたのは2016年6月、現在のアップル・パークはなお建設中で、当時の本社は「キャンパス」と呼ばれていた。広々とした敷地に小奇麗な建物が何棟も建ち並ぶ様子は、その名のとおり会社というよりも大学のキャンパスや研究所といった印象だった。

明るく開けた駐車場には車がたくさんとまっている。そして大勢の人。ほとんどは観光客だ。大型バスでやって来た中国人のツアー客などが、ガラス張りのショップでグッズを買い求めている。店内は日本のアップル・ストアと同じでとくに興味を惹かれるところはない。キャンパス内は完全禁煙、メイン・ビルの入口には眼光鋭いガードマンが立っている。セキュリティはかなり厳しそうだ。なんとなく長居は無用という気分になってくる。

アップル・コンピュータの歴史は、シリコン・バレーを象徴するサクセス・ストーリーである。1977年にアップルⅡが発売されたときに、パソコンが世界を大きく変えることに気づいていた人は少なかったはずだ。そのなかでジョブズたちが生み出したものは瞬く間に世界の風景を変えてしまった。iMacやiPodやiPhoneやiP ad……魅力的なガジェットの多くが、この広大なキャンパスのどこかで開発されことは間違いない。

だが、いまひとつ心が弾まない。整然としたキャンパス自体が、空々しくて面白みがないものに感じられる。明るい日差しの下に立っていても、どこかひんやりとしたものを感じてしまう。パロ・アルトのヒューレット・パッカードもマウンテン・ヴューのグーグルも似たような雰囲気だったから、シリコン・バレーの会社としては標準仕様なのかもしれない。しかし標準的でないのがアップルの製品だったはずではないか。

数年後（2018年）にシアトルのアマゾン本社を訪れた。本社といってもアップルのように整然としたキャンパスがあるわけではない。どれが本社のビルなのかさえわからない。会社というよりも自然発生的な村みたいな感じで、狭い街中に無計画に（ではないのかもしれないが）ビルを建ててオフィスにしている。なんとも猥雑な熱気にあふれている。

バイオスフィアと呼ばれる三つのガラスドームからなる温室のような建物は、アマゾンの密林を意識したのかどうか知らないが、テーマパークの施設みたいで遊び心や余裕を感じさせる。ドッグランで犬を遊ばせている人たちの服装はみんなカジュアルで、ネクタイにスーツ姿の人などは見かけない。7月だったこともあり、ジーンズにTシャツという人が多かった。靴はスニーカーやサンダルが主流である。首からぶら下げているIDカードに目を止めなければアマゾンの社員かどうかわからない。ぼくのように物見遊山の観光客がうろうろしていても違和感がない。

一方、アップルのほうには遊び心など皆無、キャンパス全体が四角四面で面白みがない。アップル・ストアで買い物をしている人までが余裕がなく見える。商品をチェックして必要な物を買ったら、さっさとバスに戻ってつぎの目的地へ出発という感じである。

ジョブズのライバルと目されたビル・ゲイツのマイクロソフト本社は、アマゾンと同じくシアトルのレドモンドにある。どことなく面白みのない印象のあるゲイツだが、彼の会社はなかなか快適だった。少なくともアップルよりはずっとカジュアルで、学生集めのためにキャンパスをおしゃれに改造している地方の私立大学といった趣だ。会社のなかにバイク・ショップがあり、社員は自転車でキャンパス内の建物を移動している。頭にターバンを巻いたインド人の社員などともすれ違う。寛容性が高くて多様性に富んでいる。そうした働きやすい環境をつくることで、世界中から優秀なエンジニアを集めているのだろう。

面白いものだと思う。禅や瞑想、スピリチュアリティへの傾倒、マリファナやLSDをやりながらディランやバッハを聴く長髪の青年。ちょっと変わり者の青年が、同じスティーブという名前の天才的な電気少年と自宅のガレージではじめた会社が、いまや巨大なIT企業となっている。その本拠地に、ぼくはビジネスライクな居心地の悪さしか感じなかった。

アップルという会社には閉鎖的で秘密主義のところがあるとよく言われる。それはキャンパスのひんやりとした人工的な雰囲気と奇妙に相応している。ぼくはジョブズと同じ膵臓がんで2005年に亡くなったジェフ・ラスキンのことを考えていた。華々しいジョブズの陰で、アップルの歴史から抹殺されてしまったように見える人たちがいる。ラスキンもその一人かもしれない。

先述の映画（『スティーブ・ジョブズ』）でもさんざんな描かれようだった彼は、「マッキントッシュ」という名前と概念を最初に提起したエンジニアとして知られる。一時はアップルの看板ともなった、この人気製品の開発の礎を築いた人でありながら、最後はプロジェクトを取り上げられるかたちで会社を辞めることになる。ラスキンのようにジョブズとそりが合わずに辞めていった人、ジョブズに請われてアップルに入りながら、何年か経つうちに居づらくなって去っていった人、あるいは非情に解雇された人も多いようだ。

世界的IT企業をめぐる光と影。ジョブズがスタッフをおだてたり罵倒したり脅迫したりしながら、良識ある人たちからは糾弾されそうなほど過酷な労働環境の下でつくり上げた製品は、ベートーヴェンが作った曲と同じように、作品番号を打てるくらい彼自身の作品になっている。他人を自分と一心同体に酷使したから、たんなる電子部品から組み立てられた機械を作品と同じレベルにまでもっていくことができたのかもしれない。

そうしたジョブズの冷酷で非情な面をアップルのキャンパスに感じる。彼はアップルという巨大なIT企業にも、自分の遺伝子を残して死んでいったということだろうか。iPhoneやiPadなどの製品を光の部分とすれば、本社のキャンパスはジョブズの陰の部分かもしれない。

アップルは先ごろ（2021年4月）、今後5年間の投資計画を発表した。それによると4300億ドル（日本円で約46兆5000億円）を超える投資をアメリカ国内に行うという。そのなかにはノースカロライナ州における新キャンパスの建設、全米で2万人分

Macintosh を立ち上げたチーフアーティテクチャーのジェフ・ラスキン

の雇用創出などが盛り込まれている。また投資計画の一環として、次世代シリコンと5G技術の開発に数百億ドルを投じるとしている。

まるで小さな国家である。2019年にはフェイスブックが仮想通貨「リブラ」の発行計画を発表し、各国の中央銀行を慌てさせた。いずれ近代由来の国民国家は、アップルやフェイスブック、アマゾン、グーグルなどのIT企業国家に取って代わられるだろう。自分が手塩にかけてつくり上げた会社が、世界でいちばん力をもつ「国家」の一つになっていくことを、いまもしジョブズが生きていたらどう感じるだろう？

8

ホウル・アースな問題

フランスの哲学者ロラン・バルトは写真の登場について、人々が鏡で見るのとは違ったふうに自分自身の姿を見るようになったのは、歴史的にはごく最近のことであると述べている（『明るい部屋』）。フランス人のニエプスによって写真が発明されたのは1827年、まさに近代の真っただ中である。近代的な自我や自己が確固なものになっていくうえで写真は重要な役割を果たした。

バルトの言い方に倣《なら》えば、1960年代は人類がはじめて自分たちの住む惑星の姿を目にするようになった時代と言える。それまで望遠鏡で宇宙を見ていた人間が、いまや宇宙から地球を見るようになった。これによって世界の印象がまったく変わった。

ソ連のユーリイ・ガガーリンがボストーク1号で地球を一周し、「地球は青かった」という言葉を残したのは1961年のことだ。同年5月にはアメリカのケネディ大統領がアポロ計画を発表、1960年代中に人間を月に到達させると宣言する。計画は何度かの有人宇宙飛行を経て、1969年7月にアポロ11号が月面着陸したことによって実現する。このときケネディは生きていない。1963年に日米間で実験的に行われた初のテレビ衛星中継で、太平洋を越えた電波にのって送られてきたのはケネディ暗殺の悲報だった。

1957年にソ連が打ち上げたスプートニク以降、多くの人工衛星が地球のまわりを飛びまわり、遠い国のニュースがリアルタイムで送られてくるようになる。おかげで1967年6月、ぼくたちは世界初の衛星中継番組で「愛こそすべて」をうたうビートルズのメンバーたちを目にすることができた。世界は全地球的なものになりつつあった。

ジョブズの伝記にかならず登場する『ホール・アース・カタログ』は、そんな時代の空気のなか、カウンター・カルチャーの代名詞的な存在とも言えるスチュアート・ブランドによって1968年に創刊された。バックミンスター・フラーの「宇宙船地球号」を連想させる雑誌の中身は文字通りカタログで、当時あちこちに生まれつつあったコミューンで暮らすヒッピーたちの生活を支える情報や商品を掲載したものだった。ブランドが唱えた「Access to Tools」はDIYの精神にもつながり、いかにもヒッピーたちのコミューンにふさわしい。雑誌そのものは1974年に廃刊となるが、このとき裏表紙を飾った「Stay hungry, stay foolish.」というメッセージは、2005年にジョブズがスタンフォード大学の卒業式で自分の人生を決定づけた言葉として引用し、世界的に有名になった。

多くの人が指摘するように、ブランドはカウンター・カルチャーとコンピュータの橋渡しをした人物と言えるだろう。それは単にジョブズが『ホール・アース・カタログ』の愛読者だったからではない。創刊号の最初のページには、「自分だけの個人的な力の世界が生まれようとしている――個人が自らを教育する力、自らのインスピレーションを発見する力、自らの環境を形成する力、そして興味を示してくれる人、誰とでも自らの冒険的体験を共有する力の世界だ。このプロセスに資するツールを探し、世の中に普及させる――それがホール・アース・カタログである」というブランド自身の言葉が掲載されている。これはジョブズたちがコンピュータで実現しようとした理念そのものと言っていい。スタンフォードのスピーチで雑誌のメッセージを引用したとき、ジョブズのなかにはブランドの意志を引き継ぐ者としての思いがあったのかもしれない。

『ホール・アース・カタログ』は、最終号と創刊号の表紙で歴史に名を残しているという不思議な雑誌である。創刊号が有名なのは表紙に使われた一枚の写真のせいだ。そのころブランドは、いろいろなヒッピーのコミュニティを転々としながら気ままな暮らしをしていた。当時、ヒッピーご用達のドラッグといえばＬＳＤである。その効果もあったのだろう、あるとき彼は地球がいかに小さいか、そして誰もがその小ささを理解することがいかに大切かを直観する。「これがあらゆる病気の原因だ。このことを広く知らしめなければならない」と考えたブランドは、ＮＡＳＡを説得して一枚の写真を借り出すことに成功する。宇宙に浮かぶ地球のカラー写真である。これが創刊号の表紙を飾る。

この一枚の写真こそ、若い世代に芽生えつつあったグローバルな意識を象徴するものだった。写真の登場が近代的な自己や自我の誕生を促したとすれば、宇宙から撮影された小さくて美しい地球の写真は、人工衛星や宇宙ロケットとともに成長した世代の惑星化を促したに違いない。彼らは地球規模で感じたり考えたりするようになった最初の世代だった。もちろんジョブズもその一人である。

こうしたグローバルな意識が、時代を経てインターネットやオンラインやウェブといったソーシャル・メディアを生み出していくことになる。80年代以降に起こったソーシャル・テクノロジーにおける数々のイノベーションは、パーソナル・コンピュータとともに育った世代にとってのアポロ計画みたいなものだったのかもしれない。

１９７５年に公開されたミロス・フォアマン監督の映画『カッコーの巣の上で』は、精神異常を装って刑務所での強制労働を逃れた男が、薬と権力によって患者たちを抑圧する病院の管理体制に疑問を感じ、持ち前の反逆心から入院患者らとともに人間の尊厳と自由を求めて闘うというストーリーだ。最後にロボトミー手術を受けて廃人にされてしまう主人公を、ジャック・ニコルソンが演じてアカデミー主演男優賞を手にしている。原作はケン・キージーが1962年に発表した同名のベストセラー小説（"One Flew Over the Cuckoo's Nest"）で、彼はスタンフォード大学で学ぶかたわら、精神病院の夜間アルバイトで経験したことを生かして小説を書いたと言われている。

このキージーが、スチュアート・ブランドとともにコンピュータとカウンター・カルチャーの交差点に姿を現す。本がベストセラーになったあと、彼は本の売り上げを資金にして「メリー・プランクスターズ（Merry Pranksters）」なるヒッピーのコミューンを設立、「ファーザー」という派手な虹色に塗り上げたバスに乗って大陸横断の旅に出る。当時は合法的だったLSDを普及するためというから、まるでカウンター・カルチャーを絵にかいたような人だ。ちなみにキージーたちのバス・ツアーはビートルズの映画『マジカル・ミステリー・ツアー』（1967年）のモデルになったと言われている。発案者はポールだったらしい。呑気そうな顔をしているけれど、なかなか目配りの行き届いた人である。

サイケデリックなツアーから戻ると、キージーは自宅で「アシッド・テスト」と称するLSDのパーティを開きはじめる。これは一種のトリップ・フェスティバルで、入場者にLSDを配り、ジミ・ヘンドリックスやグレイトフル・デッドが音楽を演奏し、アンディ・ウォーホルなどのアンダーグラウンド映画を放映したというから、おそろしくヒップなイベントである。キージーが主宰する「メリー・プランクスターズ」の常連の一人がスチュアート・ブランドだった。やがて彼はキージーとともにトリップ・フェスティバルをプロデュースするようになる。

日本では大麻取締法で厳しく規制されていることもあって、ドラッグというと「悪いもの」というイメージが強い。またぼくたちの世代だと、『イージー・ライダー』や『ウッドストック』などの映画の影響もあり、マリファナを吸って裸のおねえさんたちといろいろするみたいな感じである。もちろんそういった面も多分にあっただろうが、60年代末のアメリカでドラッグ・カルチャーはカウンター・カルチャーと緊密に強く結び付いていた。

背景には、肥大する消費社会を覆う不条理な現実があった。ケネディ兄弟やキング牧師などのあいつぐ暗殺、ベトナム戦争で戦地に送られて死んでいく若者たち。反戦運動に身を投じる学生や新左翼の活動家たちを含めて、この時代の対抗文化を担った人たちのなかには、ドラッグの助けを借りて既存の宗教やイデオロギーに依存しない世界観を打ち立てようとする人たちが数多くいた。とくにLSDは感覚や感情、記憶、時間などが変化したり、拡張したりする体験を引き起こすとされていた。

ここからカウンター・カルチャーがドラッグ・カルチャーを媒介にしてコンピュータとつながっていく契機が生まれる。ちょっと意外な気もするけれど、当時のカウンター・カルチャーの人たちの多くは、コンピュータをペンタゴンなど体制側に帰属するものととらえていた。先述したように、世界で最初の電子式コンピュータといわれるENIACの開発は、ヨーロッパに配備される大砲の射表（砲弾の照準を計算するための表）を作成することが目的だった。開発資金の提供も1943年に陸軍省が決定を下している。その後も大型コンピュータの製造と販売はIBMがほぼ独占しつづけ、ユーザーの多くは政府や大企業である。たしかにコンピュータは権力の象徴だったわけだ。

1984年にマッキントッシュの発売にあたり、ジョブズがリドリー・スコットにディレクションを依頼して作らせた、「1984年」という有名な60秒のスポット広告がある。「1984年」は言うまでもなくジョージ・オーウェルの小説『1984年』を念頭に置いたものだ。巨大なスクリーンに映る独裁者風の男が、陰鬱な声で絶対服従による啓発の可能性を語る。その言葉に耳を傾けるゾンビのような大勢の男女。白黒で表現されている彼らのなかを、一人だけ色のついた女性が駆け抜けていき、最後に手に持っていた巨大なハンマーを放り投げてスクリーンを破壊する。そこに天啓のようなナレーションが入る。「1月24日、アップル・コンピュータがマッキントッシュを発売します。今年、1984年が『1984年』のようにならない理由がお判りでしょう」。

このCMのなかで、ジョブズはIBMをオーウェルの小説に登場するビッグ・ブラザーになぞらえている。彼らにコンピュータの寡占状態を許せば、やがてはコンピュータが独裁者のように人々を支配するようになるというわけだ。当時のヒッピーやカウンター・カルチャー側のコンピュータにたいするイメージも、ジョブズが作ったCMに近いものだったかもしれない。要するにコンピュータとは官僚的管理のためのツール、中央集権の権化と考えられていた。

こうしたコンピュータにたいする意識が70年代にさしかかるころから変わりはじめる。マイクロ・プロセッサが小型化し安くなってきたことで、アマチュア無線やラジオの愛好家たちのなかから、自分で組み立てたコンピュータを使ってプログラムを書くことに

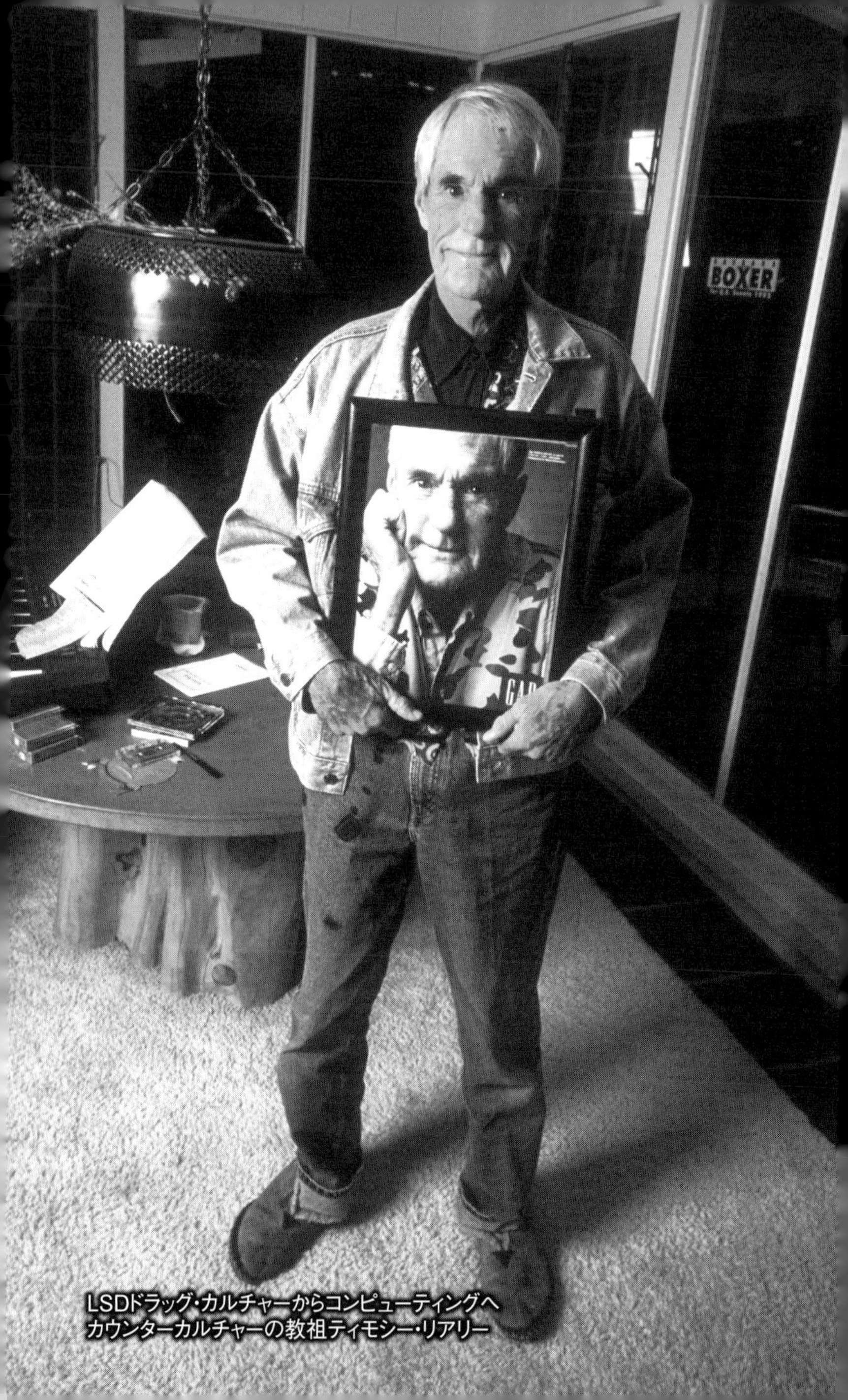

LSDドラッグ・カルチャーからコンピューティングへ
カウンターカルチャーの教祖ティモシー・リアリー

熱中する者が出てくる。スティーブ・ウォズニアックもその一人だった。あるインタビューで彼は新しい表現手段を見つけたようだったと語っている。自分を表現するための新しい言語としてのプログラム言語。マイクロ・プロセッサの登場によって、社会的地位とは縁遠い人たちが世の中にたいして力をもてる可能性が出てきた。

1960年代に生まれた「パワー・トゥ・ザ・ピープル」という反体制的なスローガンは、平和運動や新左翼の政治運動としては68年の「サマー・オブ・ラブ」あたりをピークに終息へ向かう。ヒッピーや反戦運動家にかわり、個人の表現と解放を象徴するものとしてコンピューティングをとらえる人たちが出てくる。

人々に力をもたらしてくれるものは何か？　一つの可能性としてパーソナル・コンピュータがあった。それは個人が力を得るチャンスをもたらしてくれる。こうしてコンピュータはスチュアート・ブランドやケン・キージーのようなカウンター・カルチャー側の人たちのなかにも浸透していき、個人の表現や解放のシンボルとしてとらえられていく。

そこにカウンター・カルチャーとはもともと相性の良かったドラッグが結び付く。ジョブズが一時在籍していたリード大学で訓戒を垂れたティモシー・リアリーが、このころになるとパーソナル・コンピュータを新種のＬＳＤとみなし「ターン・オン（スイッチオン）、ブート・アップ（起動）、ジャック・イン（仕事を放棄しろ）」と宣言するようになる。困った人だが、潮目を見る目は冴えていた。たしかに初期のパーソナル・コンピュータの開発は、ＬＳＤによってもたらされる効果をコンピュータで置き換えようとする試みでもあった。シリコン・バレーとヘイト・アシュベリー（サンフランシスコのヒッピー文化発祥エリア）が少しずつつながりはじめる。

9

フレンドリーなコンピュータ

1906年に設立されたハロイド・コーポレーションはのちにゼロックスと社名を変え、その規模の拡大とともに幾つもの企業を買収していった。1969年にはコンピュータ会社を買収し、スタンフォードと隣り合うパロ・アルトに大がかりな研究所を設立した。ゼロックス・パロ・アルト研究所、通称PARCである。

ジョブズたちがPARCを訪れたのは1979年の末で、アップルⅡの後継機となるアップルⅢやリサ（Lisa）の開発に行き詰まっていたころだ。一行は研究所でアルト（Alto）と呼ばれていたプロトタイプ・コンピュータを見学する。その際にジョブズはかなり強引な手を使ってアルトに搭載されたゼロックスの技術を開示させる。のちに彼は「未来のコンピュータのあるべき姿が見えた」と述懐している。「この技術があれば、普通の人にもコンピュータが届けられる」。

このときPARCにはアラン・ケイがいて、グラフィカル・ユーザー・インターフェイス（GUI）の開発に取り組んでいた。これはスクリーンの上に文書やファイルを置き、使いたいと思うファイルをマウスで選んでクリックするという、デスクトップ・パソコンでは当たり前になる操作だが、当時のコンピュータはまだ黒いスクリーンに白で表示される文字を、コマンド・プロンプトとして打ち込んで動かさなければならなかった。

１９７０年にＰＡＲＣに移ってきたアラン・ケイは子ども向けのコンピュータを作りたいと考えていた。子どものコンピュータとはどのようなものか？　黒の味気ないＤＯＳプロンプトに意味不明のコマンドを打ち込んでコンピュータを動かすという、大人でもうんざりするような作業を学齢前の子どもにさせるわけにはいかない。それならグラフィックスでコンピュータを操作するようにしてはどうか。

グラフィックスを支える技術の一つが、光点（ピクセル）の一つひとつをコンピュータでコントロールする「ビットマップ」と呼ばれるシステムだ。これを使えばモニター・スクリーンのグラフィックを自在に操ることができる。さらに文書やファイルなどのデジタル・データを「アイコン」で表示し、「マウス」と呼ばれるポインティング・デバイスを使って操作する。いまでは馴染みのものばかりだが、ジョブズたちがＰＡＲＣを訪れた70年代末には、これらの技術はきわめて革新的なものだった。

当時のＰＡＲＣのエンジニアたちが成し遂げたことは、「パーソナル」という概念の具体化だったと言える。最初に「パーソナル・コンピューティング」という言葉を使いはじめた一人であるアラン・ケイは、１９６０年代末に人間の思考の補助メディアとしてのコンピュータというコンセプトを提唱している。やがて「ダイナ・ブック（Dynabook）」と呼ばれることになるマシンの条件として、彼はつぎのような点をあげている。

・新聞並みの出力画面をもつこと。
・小型で持ち運び可能であること。
・人間の直観に近い操作環境であること。
・ユーザーのアクションにたいしてフィードバックが即座であること。

ケイが考えていたのは、子どもが簡単に使うことのできる小型で親しみやすいコンピュータだった。「ダイナブック」というマシンの名前も、オペレーティング・システムに「スモールトーク（Smalltalk）」と呼ばれるオブジェクト指向のプログラム言語を使ったことも、いずれも子どもが使うことを意識してのことだ。学校で無料配布できるように価格は500ドル以下にしなければならないとか、子どもたちが持ち歩けるように大きさはノート以下、重さは2キログラム以下でなければならないとか、当時としては、かなり無理なことも言っている。このあたりはジョブズと似た資質を感じさせる。

「未来を予測する最良の方法は、それを自分で実現することである」
パーソナルコンピューターの父、アラン・ケイ

ダイナブックの条件を満たすために試作されたミニコンがアルトである。ケイ自身はあくまでダイナブックの「暫定」モデルと考えていたようだが、いまから振り返るとアルトは、小型化やパーソナル化など多くの点で、それまでのコンピュータの概念を180度転換させる画期的なマシンだった。

写真で見るアルトは、小ぶりのスーツケースに入るほどのサイズで、ケイがめざすダイナブックの規格には及ばないものの、「小型で持ち運び可能」という点も一応はクリアしていると言える。タイプライターほどのサイズの本体とキーボードの上に縦長のモニターが載り、横からかわいいマウスが出ている。オフィスの机の上で手軽に使うことを想定したもので、収納に専用の部屋が必要だったIBMのメインフレームなどとは鉄道と自家用車ほど違う。

また不可解なコマンドをわかりやすいアイコンとし、それを使いやすいマウスで操作することによって、「人間の直観に近い操作環境」を実現している。ヴィジュアルなアイコンをスクリーンに並べるというアイデアはまさに直観的であり、面倒くさいマニュアルを読まなくても使うことができる。

さらにアルトは完全にシングル・ユーザーを想定したミニコンだった。CPUのパワーを一人のユーザーに集中させることで、処理を実行した者にコンピュータが出力する結果を即座にフィードバックできるようにした。この点でも複数のユーザーによるシェアが普通だったコンピュータのイメージを覆すものだ。

ケイは自らが提唱したダイナブックの条件を完全には満たしていないので、アルトのことを頑なに「暫定ダイナブック」と呼びつづけたらしいが、１９７９年にＰＡＲＣを訪れたジョブズたちが現物を見て「これだ！」と思ったのも頷ける。「やったるぜ！」とテンションは上がったものの、初期衝動だけで事はうまく運ばない。加えてジョブズの完璧主義や暴君的な性格も災いしたのか、その後もアップルのスタッフたちは長く曲がりくねった道を歩んだのちに、リサ（Ｌｉｓａ）を経てようやく１９８４年にマッキントッシュの発売へとこぎつける。

それにしても東海岸にいるゼロックスの幹部たちは、どうしてこんな宝の山を易々とジョブズたちに持っていかれてしまったのだろう。ゼロックスのベンチャー・キャピタルからの投資を受け入れることを条件にアップル側が交渉したとも言われるが、それ以前にケイたちが開発した革新的な技術の真価を、会社の上層部は理解していなかったのではないだろうか。性能のいいコピー機や印刷機でも作っていればいいと考えていたのだろうか。

結局、アルトは製品化されることなく、ゼロックスがPARCの技術を使って「スター（STAR）」という垢抜けない名前の事業用のコンピュータを出すのは1981年のことである。当時としては高い能力を持つマイクロ・コンピュータだったらしいが、値段が高過ぎてあまり売れなかった。一方、アルトの技術を自社に持ち帰ったアップルのスタッフたちは1984年にマッキントッシュを発売、さらにジョブズの会社追放と復帰などを含めて幾つもの伝説をつくっていく。


アップルという会社の生み出した製品が圧倒的に成功したのは、ジョブズというカリスマ的なリーダーのこだわりが、良くも悪くも人間の本性に沿ったものだったからだ。パーソナル・コンピュータで世界を変えたいと思ったジョブズのなかに、どの程度の明確なヴィジョンがあったのかわからない。しかし彼が偏執的なまでにこだわった製品のデザインは、すべて人間の本性に合致したものだった。

たとえばインターフェイスのすべてについてユーザーが気持ちよく感じるようにする。そのためにルックとフィールを重視して、親しみや人間味のあるマシンを提供する。それが製品のデザインや仕様になっていくわけだが、原点には「誰もが普通に使えるコンピュータ」というコンセプトがあった。それはダイナブックなどでアラン・ケイが提唱したアイデアでもある。少なくとも1979年にジョブズたちがPARCを訪れたとき、二人は同じ場所にいたことになる。

ジョブズがケイと別の道を歩みはじめるのは、このコンセプトをビジネスに結び付けたことが原因かもしれない。ほとんどの人はそんなことは考えてもみなかった。IBMの時代に「普通の人」は顧客に入っていなかった。ジョブズと二人でアップルを創業したウォズニアックにしても、技術と縁のない者でも使えるコンピュータという発想はなかったようだ。ジョブズは会社をつくった当初から、自分で組み立てなければならないコンピュータはマニアのものだが、箱から取り出してすぐに使えるマシンなら普通の人も欲しがるはずだと考えていた。

そこでジョブズはアラン・ケイたちが提唱した「誰もが普通に使えるコンピュータ」を「フレンドリーなコンピュータ」と読みかえる。ジョブズの最大の創造はマッキントッシュでもiPhoneでもなく、「コンピュータを欲しがる普通の人」という、それまで存在しなかった人たちをつくり出したことかもしれない。彼はたんにパーソナル・コンピュータを必要としている人たちのところへ製品を届けたのではない。これなら自分にも使えそうだし、使ってみたいと多くの人が思うような製品を生み出したのである。誰も注目していないような人々の潜在的な欲望や習性や本能を可視化し、魅力的な商品としてユーザーに提供した。

それは製品を生み出すことであると同時に、まったく新しいユーザーを生み出すことでもあった。彼らはある意味、無知であることを肯定されている。アップル社の製品を使うために、特別な知識や技術は必要ない。ただタッチパネルの操作法を習得するだけでいい。つまりジョブズはあくまでもビジネスの観点から「誰でも普通に使えるコンピュータ」を商品として提供しようとした。それはフレンドリーなコンピュータでなければならなかった。「友だちみたいな」とはユーザーの未熟さにたいして寛容であることも含意していた。

若いころのジョブズはパーソナル・コンピュータで世界を変えたいと思った。たしかに世界は変わった。いまや生活に必要なものはすべてオンラインで賄うことができる。欲しいサービスや娯楽も手に入れることができる。この世界では、スマートフォンの操作法さえ習得すれば生きていける。世の中のことを何も知らなくても困らない。いずれ個人のなかに残るのは「欲望」だけということになるかもしれない。はたしていいことなのだろうか？

10

二人の先導者たち

パーソナル・コンピュータという概念の提唱者ともされるアラン・ケイが、コンピューティングの中心に据えたコンセプトは「教育」だった。彼が1972年に書いた文書では、パーソナル・コンピュータについて「全年齢の子どもたちが、自分自身と内省的に対話する個人的メディア」と規定している。いわば紙やノートのようなものとして将来のコンピュータをとらえている。

さらにコンピュータがデジタル・ネットワークと結び付く未来を視野に入れ、「どこにでも持ち歩けるデバイスとグローバル情報インフラを組み合わせることで、図書館や学校を家に持ち帰ることができるようになる」とも述べている。いずれも20年後にジョブズたちが実現していくアイデアだ。

1940年生まれのアラン・ケイは、60年代のカウンター・カルチャーの空気を吸って育った世代である。コンピュータを通じて世界を変革したいという情熱は彼のなかにもあっただろう。なんとなくジョブズと似た資質の人という気がするし、誰もが普通に使える小型のパーソナル・コンピュータを作るという方向性も共通している。だからこそPARCでアルトを目にしたジョブズは、「未来のコンピュータのあるべき姿が見えた」と感じたのだろう。

そのケイが最近、コンピュータというメディアがたどってきた30年に及ぶ道のりを回顧する中で、現在のコンピューティングが突き当たっている限界を指摘し、「パンクしたタイヤのような不十分なものを作っている」と、暗にジョブズたちのやり方を批判している。では、どこが「パンクしたタイヤ」なのだろう？

すでに触れたように、ケイがコンピューティングの中心に据えた価値は「教育」だった。ジョブズたちが送り出してきた製品には、使う人たちが学び考えるという教育的な要素が決定的に欠けている。パーソナル・コンピュータがビジネスと密接に結び付いていく過程で、「人間の思考の補助メディア」という点はどこかへ行ってしまった。そのことをケイは「パンクしたタイヤ」と言っているように思う。

たとえばスマートフォンは、映画を観たり音楽を聴いたりお喋りをしたりするための強力な道具だが、それが提供するのはきわめて限定的な利便性や娯楽性に過ぎない。文字を読んだり書いたりするには小さ過ぎるので、どうしても「話し言葉による思考（oral thinking）」が支配的になり、人々が重要なことを学んだり考えたりすることを妨げている。このような不完全な道具をいくら改良したところで、さらに上の段階に行くことはできない。

講義のなかでケイは補助輪を付けた自転車に喩えている。現在のコンピューティングは補助輪付き自転車の性能や乗り方を競っているようなものだ。それではいつまで経っても自転車で自在に走りまわる段階には到達しない。いま必要なのは地球というオフロードを乗りこなす技術を一人ひとりが身に付けることだ、とケイは言いたいのだろう。

至極まっとうなことが述べられている。しかし聞いているうちに空しい気持ちになるのは、最初からできないとわかっていることが言われているからである。おそらく本人も気づいていると思うが、彼の言っていることは人間の本性に反している。ぼくたちは困難さよりも安楽さを求める。頭の痛い真実よりも甘い虚構を求めがちである。地球温暖化などという面倒くさい真実はタダでもいらないけれど、心地のいい偽りの物語ならお金を出して買ってもいいと思う。そんな普通の人たちに、ケイの言っていることは説得力をもたない。

精肉となって食卓に供給される豚や鶏や牛たちが、目を覆いたくなるような過酷な環境のなかで長くても一年という一生を一瞬ごとにつづく恐怖のなかで過ごしている、といったことを誰が知りたいと思うだろう。できればスポーツやエンタメ、有名人のゴシップなど、お手軽な情報に的を絞りたい。心を癒してくれる猫の動画や気楽なツイートでこの世の憂さを忘れたい。漫画を見たり映画を鑑賞したりすることに時間を費やしたい。逆に、考えたり悩んだりする時間は、自分の24時間からは極力排除したいと多くの人が思っている。

原始時代の狩猟採集民は、無知のままでは生き延びることが難しかっただろう。彼らにとって知ることは直接的に自らの生存と結び付いている。一方、ぼくたちが生きている世界では、知ることは痛みに結び付いている。あるいは不快感や居心地の悪さや後ろめたさに結び付いている。だから知りえることでも知ろうとしない。知ってしまったときは知らないふりをする。見てしまったもののことは忘れる。まるで一人ひとりが、ホロコーストが進行中の社会を生きるドイツ人みたいだ。

知ること、学ぶこと、考えることを、この世界でどのように再構築していけばいいのか。いかなるスタイルで、それらを生の根幹に結び付ければいいのか。ケイが言うように、ジョブズたちが敷いたコンピューティングの方向性は行き詰まっているように見える。それはスマートフォンを操作する人たちの顔を見ただけでも明らかだ。昆虫を捕まえる少年のように目を輝かせてスマホに見入っている子どもがいるだろうか。大人だって精気を抜かれたような顔をしてタッチパネルを操作している。彼らの表情や仕草に現れているのは何よりも空虚と倦怠である。フレンドリーなコンピュータは、いまではこんな具合になっている。

ここでジョブズに大きな影響を与えたもう一人のエンジニアである、ダグラス・エンゲルバートにも触れておこう。マウスの発明者として有名な彼は、バークレーでコンピュータ・サイエンスを専攻したのち、60年代にスタンフォード研究所（SRI）に職を得る。この研究所にはスチュアート・ブランドがいて、仲良くなった二人は一緒にLSDを試しながらその効果を学術的に研究しようと考えていたらしい。

当時のスタンフォードで盛んに行われていたのは、人間の脳のニューラル・ネットワーク（神経網）を模倣したシステムの開発という、このところ脚光を浴びている人工知能（AI）につながる研究だった。しかしエンゲルバート自身は人工知能の分野に興味をもてなかった。1950年代にマービン・ミンスキーやジョン・マッカーシーによってはじめられた人工知能の研究は、人間の脳の機能を機械の上で再現しようとするものである。こうした考え方の延長線上に、いずれ人間の知能を超えるAIが生まれて世界を支配するようになる、といった現在のシンギュラリティ議論がある。

　一方、エンゲルバートが作りたいと考えたのは、人と密接に連携して情報を整理し、人間の知能を増強し拡張する機械だった。彼の考え方は「拡張（オーグメンテーション）」という言葉によくあらわれている。機械を知的にするのではなく、人間の知能を拡張する。ＡＩ（Artificial Intelligence）ならぬＩＡ（Intelligence Augmentation）というわけで、人工知能とは逆の発想と言っていい。

　エンゲルバートのアイデアには、明らかにＬＳＤの影響が認められるように思う。複雑な脳のニューラル・ネットワーク（神経網）を模倣して人間の知能に匹敵するものを機械で作るよりも、機械と協力して人間の知能を増強し、拡張する方法を考えたほうが手っ取り早いし、はるかに効率的である。それはエンゲルバート自身がＬＳＤの効果として体験済みのことだった。その効果を機械によって代行してやればいい。

　人間と機械がたやすく対話できる方法として、まず彼はスクリーンに表示されたものを選択するデバイスを作ることにした。こうして生まれたのが「マウス」である。偉大な発明は得てしてシンプルな発想から生まれるらしい。マウスも原理は簡単で、机の上でデバイスを動かすと、二つのホイールがそれぞれの方向に回転して電圧が上下する。

電圧の変動をコンピュータのスクリーンに送れば、カーソルを上下左右に動かすことができる。

この画期的なデバイスの発明によって、頭と手と目を連動させる人間の能力を利用して、コンピュータとの自然なインターフェイスを得ることができる。独立して働くのではなく、人間と機械が一体になって動く。まさに人と機械の密接な連携である。エンゲルバートの発明したマウスがゼロックスのPARCを経由してアップルに持ち込まれ、ジョブズたちによってよりシンプル、かつ洗練されたかたちでマッキントッシュに採用されることになる。

エンゲルバートの発明はマウスだけではない。その概容を知るには、1968年12月にサンフランシスコでおこなわれ、のちに「あらゆるデモの母」と呼ばれるようになるデモンストレーションを見るのがいいだろう。これはコンピュータ業界の会議において、エンゲルバートが同年に完成させた「オンライン・システム（oN Line System）」を発表したもので、その様子はユーチューブなどで簡単に見ることができる。

とはいえ画像が不鮮明なこともあり、ジョブズたちのショーアップされたプレゼンを

「1人前の大人になるということは,耐え抜いた困惑の量に比例する」
マウスの発明者、ダグラス・エンゲルバート

見慣れたぼくたちには、1時間40分に及ぶデモはかなり退屈に感じられる。しかし当日、会場にいた聴衆はデモが終わると総立ちになり、なかにはステージに駆け寄る者まででいて、まるでロック・スター並みの扱いだったという。そしてエンゲルバートのデモを見た人たちの多くが、異口同音にコンピュータの新しい可能性を見たと証言することになる。

デモの中身を簡単に紹介しておこう。薄暗い会場のステージには大型のスクリーンが設置されている。このスクリーンがコンピュータのディスプレイというわけだ。エンゲルバートは飛行機のパイロットが使うようなマイク付きのヘッド・セットをつけて登場する。1968年はスタンリー・キューブリックの映画『2001年宇宙の旅』が公開された年でもある。エンゲルバートの声はどこかコンピュータの合成音みたいで、映画に登場するHAL9000の声を連想させる。

彼は抑揚のない声で説明をしながらマウスを操作しはじめる。するとスクリーンの上を動くカーソルが、文字や画像を貼り付けたり、グラフィカルな画面を開いたり、リンクを張ったり……つまり現在、ぼくたちがネットワークにつながったパソコンでやっているほとんどのことをやっていく。デモを見た研究者の一人は「両手で稲妻を操っているモーセのように見えた」と書き残している。なるほど彼は21世紀からやって来たモーセのように見えたかもしれない。

このときケン・キージーも会場にいて、「これこそLSDのつぎに来るものだ」と思ったらしい。たしかにエンゲルバートのデモは、個人の意識や能力を高めるといったLSDがもたらす効果を、コンピュータによってつくり出せることを実証していた。もちろんジョブズにも大きな影響を与えたはずだ。すでに触れたように彼はドラッグとの親和性が強い。彼だけではない。同世代のエンジニアたちの多くが、マイクロ・プロセッサとともに音楽や映像、さまざまなパフォーマンスをとおしてサイケデリックな空気に親しんでいた。ドラッグをコンピュータに置き換えたとも言えるエンゲルバートのデモは、のちにベイエリア・イノベーターたちに大いなる共感をもって迎えられたに違いない。

コンピュータはサイケデリックのつぎにやって来るべき福音だった。だがこの福音には落とし穴があった。当日会場にいたキージーも、またエンゲルバートのデモから大きな影響を受けたジョブズたちの世代も、おそらく当然のようにドラッグよりコンピュータのほうが「安全」と考えたはずだ。コンピュータにはドラッグのような習慣性も、脳や人格を破壊してしまう危険性もない。

ところで近年、しだいに認識されつつあるのは、スマートフォンのようなガジェットにもドラッグと同じような習慣性があり、年齢や使い方によってはユーザーにとって有害なものになるということだ。「スマホ依存症」という言葉も生まれている。さらにゲームやSNSは一種の仮想空間を体験させることで、ドラッグと同じように現実逃避の役割も果たし、人々の関心が日常のリアルな問題へ向かうのを妨げる。

これはエンゲルバートが提唱した「拡張知能」としてのコンピュータというコンセプトから外れるものであり、アラン・ケイが「パンクしたタイヤのような不十分なものを作っている」と言って、現在のコンピューティングのあり方を批判していることとも重なる。技術面でエンゲルバートの弟子とも言えるケイは、師と同様に「人間の思考の補助メディアとしてのコンピュータ」というコンセプトをもちつづけている。二人が共有するのは一種の使命感である。複雑化し、高速化していく世界で、つぎつぎに立ち現れる問題にいかに対処していくか。それを手助けするものがテクノロジーであり、さまざまな問題に迅速に対処するための強力な道具がコンピュータというわけである。

その点で、エンゲルバートやケイはオーソドックスなコンピュータの研究者と言える。ただし彼らの考えるコンピュータは軍事目的ではなく、マラリアの撲滅や食料の増産や地球温暖化の解決に使われるべきであり、そのためにコンピュータは人と緊密につながる必要があった。

　現在、世界が抱えている問題の複雑さは、エンゲルバートたちが考えた複雑さとは性質を異にしているように思われる。たとえば地球温暖化という問題に対処するために情報を集め、その情報を世界の研究者と共有し、共同して対策を考えることは可能だろう。しかしアメリカも中国も、自国の経済成長を減速させてまで二酸化炭素の排出量を減らそうとはしない。

　あるいは遺伝子操作技術の人体への応用を、仮にアメリカやヨーロッパや日本で禁止したとしても、中国などは研究を進めるかもしれない。このようなハイリスク・ハイリターンの技術開発は、他国がやっている以上は遅れをとるわけにはいかない。向こうがやるならこちらもやるべきだという圧力がかかり、それに応える人物が大統領や首相を務めることになる。核兵器にかんする削減条約や実験禁止条約も同様である。イランや北朝鮮との核合意は政治的な駆け引きの材料にしかなっていない。

　ユヴァル・ノア・ハラリが言うように、かつて黄河やナイル川のような大河の治水は一つの強大な国や王朝が行えばよかった。一方、インターネットという世界中に張り巡らされた川を高速で流れていく情報の管理や制御を、いったい誰がどのように行えばいいのか。

すぐに思いつくのは、世界政治を統括するためのグローバル・ガバナンスのような組織をつくることだ。しかし現実に見られるのは、野放図なグローバル化を規制ないし一時的に停止して、国家経済に回帰するという世界的な傾向である。アメリカのトランプ現象やイギリスのブレグジットはその顕著な現れと言えるだろう。いまや深刻な対立はグローバルとナショナルのあいだにある。世界と国家や地域が分断され協調できなくなっているのだ。

人類がグローバルな問題に直面しているのは間違いない。グローバルな自然環境があり、グローバルな経済や技術があり、グローバルなテロリズムの脅威がある。さらに新型コロナ・ウイルスの問題も加わった。気候変動にしても技術的破壊にしても、また核兵器や細菌兵器の使用を含む戦争やテロの脅威にしても、ウイルス感染の世界的流行にしても、現在の主だった問題はどれもグローバルな性格をもち、世界規模の合意や協力なしには解決できない。七十数億の人類は単一な文明を生きており、ぼくたちは1年3

65日、朝から晩までホウル・アースな問題に直面している。

一方で人々のアイデンティティはあいかわらず国家や民族や宗教にあり、多くの場合、それらは相互に利害を異にし、しばしば対立したり反目したり敵対したりする。世界規模の協力関係をどのようにしてつくっていけばいいのか。前提となるグローバルなアイデンティティをいかに育てていくか。いまのところ「世界市民」は説得力のない虚構にとどまっているようだ。

一つの地球という惑星に住み、同じ運命と脅威を共有しているという意識を、ナショナルな意識に上書きすることは可能だろうか。それとも別の方法を模索するべきなのか。これがいまぼくたちの直面しているホウル・アースな問題である。

11

出口のない部屋

アンディ・ウォーホルの作品には複製（コピー）を強く意識したものが多い。有名な「マリリン」はシルク・スクリーンで刷ったマリリン・モンローの顔に彩色を施したものだ。シルク・スクリーンというのは一種の謄写版印刷だから、手法からしてコピーである。また作品に使われた画像は、映画『ナイアガラ』のスチール写真らしい。さらに彩色を変えた「マリリン」を何枚も並べて一つの作品とする。同様の手法はエルヴィス・プレスリーでもエリザベス・テイラーでも毛沢東でも、メルセデス・ベンツなど人以外のものでも使われている。スープ缶の同じ絵を並べて見せたこともある。

ウォーホルの作品と似たものを、アップル・ストアに並べられたｉＰｈｏｎｅなどにも感じる。それはウォーホルが商業デザインから出発したことも関係しているのかもしれない。また彼には意図的に芸術の商品性を強調するところがあった。実際、ウォーホルの作品はＴシャツをはじめさまざまな商品に使われている。デパートのトイレでは頻繁に「フラワーズ」などのポスターと遭遇する。彼の仕事場は「アトリエ」ではなく「ファクトリー（工場）」と呼ばれた。ウォーホルに倣えば、ジョブズのほうはファクトリーをアトリエに見立てたと言えるかもしれない。

ウォーホルの作品を「芸術」と呼べるのかという議論は以前からある。芸術であるか否かはともかく、多くの人がポップでかっこいいと思っていることは確かである。だからアマゾンではポスターやカレンダー類がたくさん売られているのだろう。かっこいいものは現在のぼくたちの感覚では「美」の範疇に含まれる。美を喚起するものを「アート」と呼べば、ウォーホルの作品は紛れもなくアートである。

アップル製品についても、やはり他のメーカーのものに比べてかっこいいと感じる人は多いようだ。いくらか割高でもｉＰｈｏｎｅを選ぶ。とくに日本では異常に人気が高い。彼らにとってｉＰｈｏｎｅは一種のアートなのだろう。すると生みの親であるジョブズはアーティストということになる。

この奇妙なアーティストが生み出したのは、きわめて実用性の高い工業製品である。一方、ウォーホルのほうは実用品を生み出したわけではない。絵がＴシャツやポスターに使われたからといって、絵とＴシャツやポスターは直接的には関係がない。Ｔシャツやポスターがなくても、「マリリン」や「フラワーズ」はそれ自体で作品として成立している。しかしｉＰｈｏｎｅやｉＰａｄのような製品のデザインは、携帯電話やパソコンやカメラの機能を備えたモバイル機器と一体のものである。デザインだけを切り離して考えることはできない。

はたしてジョブズはアーティストなのだろうか？

ベートーヴェンは貧乏だった。病に臥せった晩年のルートヴィヒ。その病床は南京虫に噛まれるような劣悪なものだったという。不遇と貧困のなか、彼が死んだのは1827年3月26日のことだ。その日は嵐で、激しい吹雪のなか雷が鳴っていた。

不滅の交響曲を9つも残し、とくに『英雄』や『運命』や『田園』などは数限りなくレコードが発売され、日本ではなぜか大晦日になると『第九』が津々浦々で演奏される。人類に計り知れない美と喜びを与えてくれた男が、最期は南京虫に噛まれながら果てたのだ。なんという不条理。なんたるレ・ミゼラブル。

それを言うならモーツァルトだってミゼラブルだ。『アマデウス』という映画をご覧になっただろうか。学術的には問題が多いとされる映画だが、埋葬シーンは歴史的事実にかなり忠実に描かれているらしい。最後の場面、粗末な毛布に包まれた亡骸はウィーン郊外の共同墓地にポイッと捨てられ、上から白い石灰みたいな粉をかけられて終わりである。おかげで埋葬された正確な位置はわからず、遺骨も所在不明のままだという。現在はザンクト・マルクス墓地の「このあたりだろう」と考えられている場所に嘆きの天使像が立っている。コンスタンツェ！　旦那の葬式代くらい残しておけよ。

それにしても、あの大天才のモーツァルトが最後は粗大ごみとは。もし著作権という制度があったなら、軽くビートルズとマイケル・ジャクソンとバート・バカラックをあわせたくらいの印税が入っていたはずだ。いまならオーストリアが買えるくらいの大金持ちになっていたかもしれない。しかし実人生でのモーツァルトはウィーンで冷や飯を喰わされつづけた。

音楽家に輪をかけて貧乏なのは画家である。とりわけゴッホの場合は痛ましい。昨今のオークションでは何十億という値がつくことさえ稀ではないのに、生前はほとんど一枚の絵も売れなかった。辛うじて弟テオの援助によって絵を描きつづけた彼は、せめてもの罪滅ぼしにと、画商をしていた弟に自分の絵を送りつづけた。そのテオも兄のあとを追うように、ヴィンセントの死から半年後に亡くなってしまう。33歳だった。なんと不憫な兄弟だろう。ゴッホの絵で儲けているやつは誰だ⁉

このように芸術家は不遇と貧困のうちに生涯を終えることになっている。ジョブズの場合はどうか。間違っても貧困とは言えないだろう。だとしたら彼は芸術家ではない。でもアーティストではあるらしい。昨今、うまくやればアーティストは儲かるのだ。

もちろんジョブズの肩書はアーティストではない。ビジネスマンである。たしかに才覚という点では、ビジネスがいちばん向いていただろう。同時に彼はアーティストだった。しかもパソコンや携帯電話といった工業製品をアートにしてしまった。工業製品だから大量生産が可能である。それにアートとしての値段がつく。金持ちになるわけだ。こんなことを成し遂げたのは歴史上、ジョブズがはじめてではないだろうか。

それまでにも工業製品が芸術になった例はある。有名なのはマルセル・デュシャンの「泉」だろう。いわゆる「レディメイド」と呼ばれる手法で、既製品の男性用小便器に適当にサインをしてニューヨークのアンデパンダン展に出品してしまった。1917年のことだ。これをもって現代美術の幕は切って落とされた、というのは半分くらい定説になっている。

しかしジョブズがやろうとしたことはデュシャンとはまったく違う。デュシャンのやったことは、音楽でいえばジョン・ケージの、何も演奏されずに無音が続く「4分33秒」みたいなことだ。ケージの「4分33秒」が音楽の本質、音を聴くという行為への再考を迫るものであるように、デュシャンのレディメイドは美術や芸術とは何かを、あらためて人々に考えさせる契機を与えるものだった。それらは言葉を介しなければ面白くもないし、また理解できないものだ。

ジョブズがやりたかったのはそういうことではない。まったく違う。むしろデュシャンやケージとは正反対のことだ。難しい理屈や文脈は抜きにして感覚的に、ストレートに「最高にクールなもの」を人々に提供したかった。そのために彼はデザインを重視した。見た目と手触りで何かを伝えようとした。結果的に、ジョブズがディレクションしたものはきわめてユニークな「アート」としての性格をもつことになった。


では実際にジョブズは何をやったのか？　あるいはやらなかったのか。伝記から拾っていくと、とにかく人を罵倒していたようだ。罵ったり悪態をついたりするのが仕事だった、と言ってもいくらかは当たっているかもしれない。本人が執筆を依頼したというオフィシャルな伝記でも、ジョブズの尊大さ、逆上ぶり、冷酷さ、非情さは際立っている。際立ちすぎて読んでいるうちに食傷してくるほどだ。控えめに言っても嫌なやつだった。カジュアルな言い方をすれば「くそ野郎」ということになる。

それだけならたんなる性格破綻者だ。友だちが一人もいなくなるタイプの典型である。ところがジョブズのまわりには常に優秀なスタッフが集まっていた。ただその入れ替わ

「僕は日常的に 愛用するものを作りたい」
アップル創業以来のソフトウェアエンジニア、ビル・アトキンソン

「楽しくなければ、意味がない」Macintosh プロジェクト主要メンバーの
アンディー・ハーツフェルド

りは早く、長つづきする人は少なかったようだ。好意的に見れば、ジョブズがひととこ
ろにとどまらず、絶えず前に進みつづけたということだろう。付いてこられない者は容赦なく切り捨てる。スタッフのほうでもストレスやプレッシャーに耐えられなくなって自らチームを離れていく。そうやってジョブズはチームを率いつづけた。

その成果として、マッキントッシュというユニークなパーソナル・コンピュータが誕生した。もしトップに立つ人間がジョブズ以外の者だったら、マックは別のものになっていただろう。これは彼に反感をおぼえる者も含めて、誰もが異口同音に口を揃えることだ。

大きな人格的欠陥を抱えながらも、ジョブズには稀に見るカリスマ性があった。ところで、この「カリスマ性」なるものがなんとももとらえにくい。言葉でうまく定義できるものではないようだ。また努力して身に付くものでもない気がする。

試しにグーグルで検索すると、「カリスマ性のあるビジネスパーソンになる方法」みたいなコンテンツが幾つもヒットする。「他人を統率する才能や魅力をもった人」「リーダーシップを発揮し、人々を上手にまとめることができる人」「魅力のある言動ゆえに部下から慕われる人」などとカリスマ性を一般化したうえで、カリスマ性をもつ人の特徴や

条件が列挙してあるが、この時点で肝心のカリスマ性は失われていると考えたほうがいいだろう。

あるサイトには「感情的にならず、どんな状況でも冷静に対処できる」とか「人の話にきちんと耳を傾けられる」とか「いつも前向きで明るい表情を絶やさない」とか書いてあり、思わず笑ってしまった。ジョブズにできなかったことばかりだ。要するに、ジョブズのキャラクターに近づこうと思えば、インターネットのサイトにあるような、「カリスマ性を身に付けて好感度を上げるためのトレーニング方法」とは正反対のことをやればいいことになる。

ジョブズの矛盾した性格についても多くの人が証言している。気に入らない人間は徹底的に嫌うが、信頼できる人にたいしてはとても謙虚な面を見せる。たとえばアップルⅡを開発したころ、ジョブズたちはベテランのマーケティング・コンサルタントであるレジス・マッケンナに指南を請う。技術的なスペックばかり説明することに苦言を呈されたウォズニアックは、温厚な彼にしては珍しく腹を立てて部屋を出ていってしまう。一方のジョブズはユーザーとのコミュニケーションが大切だと考えて、レジスとともにマーケティング戦略を進めることになる。

感情の起伏が激しかった、という声も多く聞かれる。それに応じて言動は極端なものになった。しかも時と状況によって態度や意見がころころ変わる。かつてのスタッフの一人は、「高電圧の交流のようにジョブズの考えは大きく変化する」と述べている。こうした極端な二面性や多面性は何に由来するのだろう。

ドストエフスキーが示唆するところによれば、出口のない孤独である。『白夜』や『地下室の手記』などの小説には、まわりの人たちと日常的な感情の交流ができず、病的なまでに孤立感を深めている人物が主人公として描かれている。『罪と罰』のラスコーリニコフも典型的にこのタイプである。外界や他者との交感能力を欠落させ、何ものにも共感できない隔絶感が彼を自我のなかに閉じ込め、幼稚なエゴイズムにまみれた殺人を空想させる。

一方で、彼は他者との親密な交わりを求めている。孤立感が強いだけに他者を求める気持ちも強いのだろう。自分を孤独の檻のなかから救い出してくれる人間を切実に求めているが、現実の人間関係のなかでその思いはかなえられない。裏切られることも多い。だからなおさら自己に閉じこもってしまう、といった悪循環に陥っている。最終的にラスコーリニコフは娼婦ソーニャのおかげで蘇りを体験するわけだが、そのために彼は罪のない二人の女性を殺さなくてはならなかった。

　ジョブズにも強い孤独感があった。ラスコーリニコフと同じように常に孤独から抜け出したいと思っていたはずだ。伝記を読んでもわかるように、彼には称賛されたいという気持ちがとても強い。辛辣《しんらつ》でときには冷酷な態度で自分を守りながらも、同時に「すごい」と言ってくれる人たちを切実に求めていた。それが「宇宙に衝撃を与えるような製品」を生み出すことに彼を向かわせ、とりわけデザインへの異常なこだわりを生んだ気がする。

　ジョブズの考えるデザインとは、何よりも孤独から抜け出すための手段だったのではないだろうか。彼は「美」を介して人や世界とつながろうとしたのかもしれない。

12

りんごをデザインする

１９７６年にウォズニアックとアップル・コンピュータを立ち上げ、新製品としてアップルⅡの設計に取り組んでいたときのこと、ジョブズはケースを通常の灰色をした不細工な金属ではなく、流麗なプラスチック製のものにしようと考えた。発注されたプラスチック会社はベージュだけで２０００種類もの色を用意していたが、彼はどれも気に入らず別の色を作らせようとした。ケースの設計変更をしたときも、角の丸みだけで何日も費やしたとか、この手の逸話には事欠かない。

同じくアップルⅡに、ジョブズは冷却用のファンを付けたくないと考えた。ファンの音によって集中力が乱されてしまうからだ。それを彼は「禅っぽくない」と考えたようだ。そこでロッド・ホルトという優秀なエンジニアをスカウトしてきて、スイッチング電源という発熱量の少ない電源を考案させる。こうして電源装置やキーボード、スピーカーなどの必要な部品が一体となり、明るいベージュのケースに収まった初代のアップルⅡが生まれる。クールでフレンドリーなたたずまいがユーザーに好印象を与えたこともあり、アップルⅡは大ヒット、会社を軌道に乗せる原動力となった。

製品を入れる箱の材質やデザインにも神経症的なまでにこだわった。最高の製品、最高の品質という自負があったからこそ、最良のかたちで提示したいと思ったのだろう。

箱だけではない。アップルを追放されたあと立ち上げたネクストのロゴグラフィックのときも大変だった。このロゴをデザインするためにジョブズはグラフィック・デザイナー（ポール・ランド）に10万ドル払ったと言われている。「e」だけ小文字になっているとか、文字はキューブの表面に描かれ、キューブは左に28度傾いているとか、おそらく本人にしかわからない深遠な哲学があったのだろう。

１９９1年、ジョブズはローリーン・パウエルと結婚する。さあ、新居に入れる家具選びが大変だ。「私たちは家具とはなんぞやという話を8年もしました。ずいぶんと時間をかけ、なんのためにソファを買うのかということを考えたのです」と夫人は語っている。「1時間半ではなく1時間で洗濯が終わることを重視するのか。服の肌触りがとてもソフトで長持ちすることを重視するのか。水の使用量が4分の1ですむことを重視するのか。こういう話を夕食のたび、2週間くらい話し合ったよ」と、本人も認めている。ほとんど病気である。一事が万事、こういう人だった。

因果な性格に生まれついたと言えばそれまでだが、ジョブズが面白いのは、公私にわたるデザインへの偏執狂的なこだわりを、アップルという会社組織のなかでビジネスに結び付けた点だ。しかもほとんどの場合、それはうまくいった。なぜなのか？

一つにはジョブズのデザインへのこだわりが、たんなる印象や表面的なことばかりではなく、製品の機能や実用性と緊密に結び付いていたからだろう。使いやすさを追求していった結果として、クールで洗練されたデザインが生まれている。冷却ファンの問題も、コンパクトで明るい収納ケースも、個人が気軽に快適に使えるというパーソナル・コンピュータとしての機能と結び付いている。

デザインと機能、芸術性と実用性のバランスをとるのは、素人が考えても難しいはずだ。何年か前にバルセロナでアントニオ・ガウディの設計した住居を見て歩いたことがある。なかまで入らせてもらったが、こんなところに住みたいとは全然思わなかった。だいたい壁が波打っているような部屋に、どうやって家具を置くのだろう。ファッションにしても、パリのオートクチュール・コレクションに出品されるような有名デザイナーの服が、衣類としてすぐれているとは思えない。保温性や速乾性があって着心地がいいのはユニクロやモンベルだろう。

ジョブズが世に送り出す製品も、こうした問題をクリアする必要があった。現場はさぞかし大変だっただろう。先端技術を使った電子機器の製造では、エンジニアリングがデザインに先行するのが普通である。まずエンジニアが仕様や要件を決め、それに見合ったケースや外殻をデザイナーが考える。ジョブズは逆だ。最初にケースのデザインを決め、そこにボードや部品が収まるようにエンジニアに工夫させる。

このやり方はｉＰｈｏｎｅでも変わらない。ジョブズがめざしたのはキーボードもスタライス・ペンもないタブレットだった。そんな無茶な、と思ったエンジニアもいたに違いない。その無茶がスマートフォンという、それまで存在しなかった革命的なガジェットを生み出すことになる。

ところでジョブズは、実際にどの程度までデザインに関与していたのだろう。ｉＭａｃやｉＰｏｄ、ｉＰｈｏｎｅ、ｉＰａｄなど、現在の主要なアップル製品のデザインを担当したジョニー・アイブは、ジョブズが成果を独り占めし過ぎると言っている。アイブのアイデアをジョブズが、あたかも自分のものであるかのごとく外部に吹聴することが不満だったようだ。

同様の声は多く聞かれる。するとジョブズはアーティストのアイデアをかすめ取って、アーティストぶっていたくそ野郎ということだろうか。そのあたりの事情はよくわからないし、ジョブズがくそ野郎だったかどうかは、本当はどうでもいいことだ。くそ野郎だったのかもしれないが、それは映画スターやロック・ミュージシャンを、飲んだくれの女たらしと言って非難するようなものだ。『モロッコ』や『真昼の決闘』が素晴らしければいいのだ。

面白いことに、ジョブズが関与した製品一つひとつの細部を見れば見るほど、彼の関与はぼんやりしたものになる。ジョブズという人間の痕跡が消えていくのだ。言うまでもなく、どのマシンもジョブズが一人でデザインしたものではなく、多くのエンジニアとデザイナーの共同作業によって生み出されたものである。この常識的な視界のなかではジョブズの存在感は薄く、関与の跡はほとんど見えない。

たしかにマッキントッシュ・チームに「週90時間、喜んで働こう!」というTシャツを着て働かせたのはジョブズだ。「値段のことは考えず、コンピュータの機能だけを考えてみてくれ」とか「このデバイスが世界を変えるんだ」とか「宇宙に衝撃を与えるようなものを作ろう」とか言って、チームのメンバーに魔法をかける能力には長けていたかもしれない。飛べと言ったのに飛ばない人間を馘首する決断力と非情さも持ち合わせていた。だからと言ってジョブズはアーティストと言えるだろうか。

言えるのだ。他に言いようがない。彼は「アーティスト」である。ただ、そのアーティスティックな感覚は奇妙なかたちでしか現れてこない。普通の作家のように、一枚のタブローや一つのオブジェではわかりにくいのだ。ためしにジョブズが手がけた主な製品を並べてみよう。

AppleⅡ（1977）
Lisa（1983）
Macintosh（1984）
iMac（1998）
iPod（2001）
iPhone（2007）
iPad（2010）

これらのプロダクトから否応なしに感受されるのは、一つの共通したトーンであり手触りでありテイストである。表面的な印象を言えばシンプルでありすっきりしている。

派手さはなく、これ見よがしに機能を誇示するものでもない。どれも安っぽくない。俗悪だったり下品だったりしない。どこかピュアな明るさを感じさせる。この手の製品にありがちな冷たさがなく、ほのかな温もりさえ感じさせる。モーツァルトの作品にも似た、古典的と言ってもいいような気品がある。

ジョブズがもって生まれたセンスではあるだろう。彼には身に付いた品の良さがある。大金持ちになっても富を誇示することはない。ビル・ゲイツのように慈善活動にはほとんど関心がない。慈善活動や人道支援のための基金をつくるのは、富の誇示とは言えないまでも、大富豪であることを看板にした振舞いではあるだろう。

ジョブズの趣味はもっと控えめで、華美を誇張することを嫌った。いくら大金持ちになっても派手に走ることがなく、室内も質素だったようだ。なにより奇抜さを嫌い、1991年にローリーン・パウエルと結婚してから住んだ家は、パロ・アルト旧市街のこぢんまりとした家で、けっして巨大で個性的な邸宅ではなかったという。バング&オルフセンやリンソンデックのオーディオ機器、ベーゼンドルファーのピアノ、アンセル・アダムズのプラチナ・プリントといった趣味も悪くない。いずれもシックで、遊びのなかに真剣さを感じさせるプロダクトや作品である。

ひところ彼が入れ込んだ禅との共通点を見ることもできるだろう。ジョブズが生み出したものは、機能的にも外見的にも、とてもシンプルである。設計や製造の過程で、徹底して無駄なものをそぎ落としていく。結果として、出来上がったものは非常に洗練された印象を与える。そのあたりは禅の境地にもつながる気がする。禅というのは引き算の要素が強い。いらないものを削って、生のたたずまいをできるかぎりシンプルにする。マイナスの発想と言ってもいいだろう。禅から感化されたものを、ジョブズなりにデザインに反映させたのかもしれない。

不思議なのは、こうした個人的な好みや趣味やセンスを、彼の場合は大量生産される工業製品のなかに持ち込んだことだ。きわめて稀なことと言っていいだろう。奇蹟的と言ってもいいかもしれない。大量生産可能な工業製品について知るためにティファニーのグラスなどを研究したというが、そういう問題ではないだろう。どんな魔法を使ったのかわからないが、とにかくパーソナル・コンピュータや携帯電話といったガジェットに、彼は「スティーブ・ジョブズ」という一つの個性を持ち込んだ。そのようなかたちで現れるのが、アーティストとしてのジョブズなのである。

それは作家性と言ってもいいだろう。考えてみよう。デル・コンピュータにマイケル・

「ナイスプレーをして必ず勝つんだ」デルコンピューター設立者
マイケル・デル

デルの作家性を感じるだろうか？ ＨＰのコンピュータに表現者としてのデイブ・パッカードやビル・ヒューレットの存在を感じるだろうか？ ウィンドウズをはじめとするマイクロソフトの製品に、ビル・ゲイツの個性を感じることはないし、アマゾンにジェフ・ベゾスの思想性は感じない。アマゾンに感じるのは徹底した無思想性だ。それはそれで個性的だが。

たしかにテスラという高級車には、イーロン・マスクの作家性が感じられないことはない。しかし1台が１０００万円以上もする電気自動車は、一部の人たちの贅沢品、高価な家具やオーディオに近いものだろう。一方、ＰＣやスマートフォンやタブレットは何十億もの人たちが使っているコモディティ（日用品）である。そのなかにあってジョブズのかかわった製品は、どれも際立った作家性を感じさせる。

大量生産される工業製品のなかに、いかにして彼はアーティスティックなものを持ち込んだのか。誰もが手にするガジェットに感じられる統一感のあるトーン、「文体」はどこからやって来るのだろう。そう、ジョブズが世に送り出した製品には明白な文体がある。

とくにｉＰｏｄやｉＰｈｏｎｅやｉＰａｄなどは、数行を読んだだけですぐにわかるような強い文体をもっている。青白い炎を想わせる文体は美しく、美しさのなかに陰影がある。明るさのなかに漂う悲しみがある。はしゃぎまわっていた子どもがふと塞ぎ込むような、デリケートで繊細な感じがある。こうした文体がどこからやって来たのか、またどこへ向かおうとしているのか。それをうまく言葉にできれば、ぼくたちはジョブズという人間に少し近づいたことになるだろう。

13

シンク・ディファレント

ジョブズが想定している相手はマス（大衆）ではなく、常に一人ひとりの個別ユーザーである。彼のビジネスの際立った特徴だが、それを象徴しているのが「シンク・ディファレント」というキャッチ・コピーだろう。１９９７年にジョブズがアップルに復帰し、会社の新たなブランディングを推し進めるために展開したＣＭのなかで使われたものだ。コピーを考えたのはかつてマッキントッシュで「１９８４年」のＣＭを担当したリー・クロウである。

アインシュタイン、ガンジー、ジョン・レノン、ボブ・ディラン、ピカソ、エジソン、チャップリン、キング牧師、ヒッチコック、アンセル・アダムズ、マリア・カラス、フランク・ロイド・ライトといった人たちの動画につぎのようなナレーションが重なる。「クレイジーな人たちがいる。反逆者、厄介者と呼ばれる人たち。四角い穴に丸い杭を打ち込むように、物事をまるで違う目で見る人たち。彼らは規則を嫌う。彼らは現実を肯定しない。彼らの言葉に心を打たれる人がいる。反対する人も、称賛する人も、けなす人もいる。しかし彼らを無視することは誰にもできない。なぜなら彼らは物事を変えたからだ。彼らは人間を前進させた。彼らはクレイジーと言われるが、私たちは天才だと思う。自分が世界を変えられると本気で信じる人たちこそが、本当に世界を変えているのだから」

最後に「Think different」という文字が現れ、アップルのロゴがカラーで小さく表示される。ジョブズはいったい何を表現したかったのだろう？　アップルという会社のブランド・イメージだろうか。もちろんそうだ。そのためのCMにアインシュタインやピカソを使うというアイデアは、ちょっとスノッブな企業リーダーなら思いつきそうだ。

しかしガンジーやジョン・レノンやキング牧師となるとどうだろう。会社のブランド・イメージとしては、かなり「危険」なラインと言えるのではないだろうか。さらにアンセル・アダムズ（写真家）、フランク・ロイド・ライト（建築家）、マーサ・グレアム（モダン・ダンスの創始者）、リチャード・ファインマン（物理学者）、ジェームズ・ワトソン（DNAの分子構造の発見者）、アメリア・イアハート（女性で最初に大西洋単独飛行を成し遂げる）といった「誰だ、それ？」まで広げる無茶は、ジョブズにしかできない。

要するに「反企業的でクリエイティブでイノベーティブな反逆者」といったイメージで自社ブランドを語ったことになる。だがそれ以上に、このラインナップはジョブズ自身のメンターや仲間をあらわしているように見える。そしてラインナップの最後尾には本人が加わる。つまりCMに登場する人たちは、彼が理想とする惑星に登録されている住人なのだ。そこからつぎのようなメッセージが発信される。

「どうだい？　きみもぼくらの惑星の住人にならないか」

このCMが最大公約数的なマスを想定としたものでないことは歴然としている。むしろ差別化と差異化に向かって強く働きかけるものだ。「きみはどのコンピュータを選ぶ？」とたずねるかわりに、「このCMを見てどう思う、クールと感じるかい？」とたずねているわけだ。問いかけられているのは、コンピュータを使って何かクリエイティブなことをやろうとしている一人ひとりのユーザーである。そしてメッセージに共鳴してくれる者、クールでかっこいいと思ってくれる者が、ジョブズの惑星の住人として招き入れられる。


ジョブズのコンピュータ・ビジネスにたいする考え方は一貫している。ハードウェアもソフトウェアもエンド・ツー・エンドで統合すべきということである。当然、それはクローズドした互換性がないマシンになる。マッキントッシュのオペレーティング・システムはマッキントッシュのハードウェアでしか動かない。頑《かたく》なとも言える特異なアプローチで、ジョブズはｉＰｏｄ、ｉＰｈｏｎｅ、ｉＰａｄなど幾つもの際立つ製品を作ることになる。

このあたりはビル・ゲイツとは対照的である。ゲイツのやり方は明らかに不特定多数のマスを対象としたものだ。それは彼の提供するものが普通の商品でありサービスだったからだろう。面白みのないやり方かもしれないが、市場を占有するには適した戦略と言えるかもしれない。

現に１９８０年代には、多くのハードウェア・メーカーにオペレーティング・システムをライセンスしたマイクロソフトが市場をほぼ独占してしまう。ジョブズはゲイツを泥棒呼ばわりしながら（マイクロソフトはアップルのインターフェイスを盗んだというのがジョブズの言い分だ）、他のメーカーへのＯＳのライセンス供与を避けつづける。

初代マックからｉＰｈｏｎｅまで、ジョブズのシステムは固く封印され、消費者がいじったり改造したりできないようになっている。１９９７年にアップルのＣＥＯに復帰してから、彼が最優先でやろうとしたことの一つはマッキントッシュのクローン製造の廃止だった。

ここまでオペレーティング・システムとハードウェアの一体化に固執したのは、ゲイツとは違ってジョブズが提供したいと思っているものが、たんなる商品やサービスでは

「すべての机の上にコンピュータを、すべての家庭にコンピュータを」
マイクロソフト共同設立者ビル・ゲイツ

「この地球上では一定の時間しか生きていられない。だから最大限に活用することを考えよ」マイクロソフト共同設立者ポール・アレン

なかったからだろう。彼の意識のなかではマックもｉＰｈｏｎｅも「自分の作品」だった。機嫌がいいときなら「自分たちの作品」と言ったかもしれない。いずれにしても自分（たち）の作品を勝手にいじられたくないというのは、アーティストとしては当然の思いだろう。

こうしたやり方は一歩間違うと閉鎖的で独断的なものにもなる。アーティスティックな意識が嵩じてユーザーの体験までをコントロールしようとすると、さすがにやり過ぎということで非難を浴びることになる。ジョブズが最後の日々に頭を悩ませた問題の一つは、ｉＰｈｏｎｅやｉＰａｄにダウンロードするアプリを厳しく管理するやり方が「アップル帝国」と揶揄され、非難されたことだった。マッキントッシュの広告（「１９８４年」）でＩＢＭを想定して打倒を謳ったジョージ・オーウェル的なビッグ・ブラザーに、アップル自身がなろうとしているのではないか。

ジョブズ亡きあとも、アップルはこの種の問題に悩まされている。先ごろ（２０２１年４月）もＥＵはアップルにたいして、スマートフォンなどの音楽配信アプリをめぐって「市場の競争をゆがめている」とする予備的見解を示した。アップル側が改善に応じず、日本の独占禁止法にあたるＥＵ競争法違反と正式に認定されれば、巨額の制裁金を科される可能性があるという。アップルが管理者としての支配力を利用して、市場を不当にコントロールしているといった非難は、ジョブズが会社に残した負の遺産と言えるかもしれない。

デザイナーのジョニー・アイブが言うように、ジョブズは独占欲が強い。その欲望に少し含みをもたせれば、彼は製品をあくまで自分の作品として届けたかったのではないだろうか。一方、アイブをはじめとして、数々の画期的なアップル製品の開発やデザインに携わったスタッフからすれば、「われわれのアイデア」であり、「われわれの製品」である。

だが「われわれ」とはアップルではないか。そしてアップルという会社はジョブズの作品であり、拡張された彼の身体である。「現実歪曲フィールド」として名高い（悪名高い）見方によればそうなる。したがってアップルの製品を届けることは、ジョブズにとっては自分の作品、しかも心づくしの作品を届けることなのだ。

作品？　たしかにジョブズが世に問うた製品には、どれも彼の「作品」といった趣がある。言うまでもなく作品と製品は違う。作品とは独特の精神的な内部を備え、そこに作者との緊密なつながりをもち、ある程度まで作者の人格と似たようなあり方をしている個性的な作物のことだ。

彼が手掛けたアップルの製品は、現にそのようなものでありつづけたのではないだろうか。隅々にまでジョブズの神経が行き届いており、製品は「作品」として彼の内面や人格を映し出すようなものになっている。その作品が批判されると、彼は自分が否定されたような気がして人一倍傷つくのだ。

そんなジョブズのアーティスティックな個性がもっともよく反映されているのは、やはりｉＰｈｏｎｅだろう。きっかけは携帯電話だった。既存の携帯電話は彼には複雑すぎると思えた。使い方のわからない機能がたくさんついている。こんなこともできます、こんな機能も付いています、とメーカーが上から目線で押し付けている。

ジョブズが求めたのは友だちや仲間と共有できる魅力的なマシンだった。買った人が自分の友だちに見せびらかしたいと思うような、持っているだけで自慢できるような、そういうマシンを彼は作りたかった。車ではありうる。ポルシェやフェラーリなどがそうだ。しかし携帯電話のようなガジェットで、ライフスタイル・ブランドと呼べるものを生み出したのはジョブズの他に誰がいるだろう？

やり方を見てみよう。まず彼はキーボードもスタライス・ペンもないタブレットというコンセプトを提示する。最初はｉＰｏｄに搭載されているホイールを使おうとしたがうまくいかない。曲目をスクロールするには便利だが、番号の入力には不向きだった。試行錯誤の末にマルチ・タッチのアイデアが生まれる。

アイデアとしては素晴らしい。問題はそれをどうやって携帯電話に搭載するかだ。エンジニアリング的に可能なのか。実現すればゲインは大きいが、失敗するリスクも高い。会社の存続にかかわる大きな賭けだった。こういう場合、ジョブズはたいていリスクの高いほうに賭ける。そればかりではない。自らがハードルを高くして、より大きなリスクをとるように仕向ける。

たとえばポケットに入れて歩くうちに誤って音楽が再生されたり、電話をかけてしまったりすることをどうやって防ぐか。オンとオフのスイッチを付ければ簡単だが、ジョブズはエレガントではないと言って付けたがらない。そこで画面に触れた状態で指を滑らせることによって、スリープ状態の画面が開く「スワイプ起動」が採用される。

ガラスの問題も難題だった。彼はｉＰｈｏｎｅのスクリーンをプラスチックではなくガラスにすることにこだわった。しかしポケットに入れて持ち歩く携帯電話の場合は落とす可能性もあるから、傷がつきにくく強いガラスが必要になる。ここでもジョブズは持ち前の粘り強さを発揮して「ゴリラガラス」と呼ばれる特殊な強化ガラスの製造にこぎつける。

こうして電話をかけたいときには数字のパッドが表示され、文字を入力したいときにはタイプライターのようなキーボードになり、別の何かをしたいときには必要となるボタンが表示される、という魔法のようなマシンが生まれた。しかも動画は画面いっぱいに楽しめる。いまでは誰もが普通に使っているものだが、そこに搭載されているシンプルな機能の一つひとつが、ジョブズのもとに集まったスタッフたちのクリエイティブなアイデアと技術の結晶だった。

結局、賭けに勝ったのはジョブズだ。優秀なスタッフを限界以上に働かせて大きなリターンを手繰り寄せるというのは、彼にしかできない離れ業と言えるだろう。それにしてもなんのために、ジョブズは自らの命を縮めるような離れ業を演じたのだろう。また演じつづけねばならなかったのだろう?

ぼくたちの仮説は「友だち」を得るため、というものである。完成した製品を発表する。新しいガジェットを受け取って「めちゃくちゃすごい!」と言ってくれる。そうした「友だち」をジョブズは求めつづけたのではないだろうか。

アップルに復帰してからのプレゼンテーションで、彼はこんなことを言っている。「アップルのコンピュータを買う人というのはちょっと変わっていると思う。アップルを買ってくれるのは、この世界のクリエイティブな側面を担う人、世界を変えようとしている人々なんだ。そういう人のために我々はツールを作っている」。「我々も常識とは違うことを考え、アップルの製品をずっと買い続けてくれている人々のためにいい仕事をしたいと思う。自分はおかしいんじゃないかと思う瞬間が人にはある。でも、その異常こそ天賦の才の表れなんだ」。

ぼくには「友だち」に向けてのメッセージのように聞こえるのだが、どうだろう？

そのメッセージには、どこか寂し気な音色が流れている。

14

消えた少年たち

オースン・スコット・カードの小説『消えた少年たち』の主人公、7歳の少年スティーヴィは毎日学校から帰るとスクリーンの前に坐り込んでコンピュータ・ゲームばかりしている。彼には一緒にゲームをする友だちがいて、ジャックやスコッティといった名前がついている。しかしその姿は両親にも弟や妹にも見えない。スティーヴィにだけ見える。

両親はジャックやスコッティを息子の空想がつくり出したものと思っている。なぜなら息子は小学校で辛い目にあっているからだ。一家は父親の仕事の都合で南部の田舎町に引っ越してきた。長男のスティーヴィは転校生ということでいじめにあう。級友たちだけではなく担任の女性教師までが彼にひどいことをする。辛さを乗り越えるために、息子には空想の友だちが必要だった。そんなふうに両親は推察する。

辛い目にあっている子どもが、困難を乗り越えるために現実に手を加えるというのはよく見られることだ。大人でもしばしば自己防衛のために現実を捻じ曲げて解釈する。こうした傾向がジョブズにはひときわ強く見られたようだ。「現実歪曲フィールド」として名高い彼のひとりよがりなものの見方は、困難を乗り越えるための「歪曲」と言えなくもない。

その威力と弊害はさまざまなかたちで現れる。手ごわい交渉相手に催眠術をかけて有利な条件で合意に至らせる。自らが率いているチームのスタッフに不可能を可能と思わせてしまう。困るのはジョブズ自身が催眠術にかかってしまうことだ。もっとも本人が自己暗示にかかって不可能を可能と信じているから、他人を自分のヴィジョンに引き込めるのかもしれない。しかし下手をすると現実を直視できずに会社を危機に陥らせてしまうことにもなる。彼がアップルを追われたのは、「現実歪曲フィールド」のマイナス面が膨らんで会社の負担になったからだろう。

ファースト・ネームだけでなく性向からして、ジョブズは『消えた少年たち』の7歳の少年スティーヴィと似ている気がする。ぼくたちのスティーブにも見えていたのではないだろうか。普通の人には見えない大勢の「友だち」が。なぜ見えたのか？『消えた少年たち』のスティーヴィと同様、必要だったからだろう。

人は自らが必要とするものを見る。ジョブズは見えない「友だち」を必要とした。すでに述べたように彼には強い孤独感がある。孤絶感と言ったほうがいいかもしれない。たとえばレストランに入る。気に入らない料理には手も付けない。顔を背けるようにして下げさせる。一口味をみてダメなら、満足がいくまで何度でも取り替えさせる。ジョブズについて書かれた本を読むと、これに類する話がぞろぞろ出てくる。

それはぼくたちを戦慄させる。「こんな状態では、ひと月と生きていられそうにない」と冗談ではなく思う。まるで一つの惑星に彼一人が住んでいるかのようだ。あるいは彼以外の者はすべて異星人であるかのようだ。ひょっとするとジョブズのなかでは、70数億対1人というバランス感覚になっていたのかもしれない。孤独地獄をも想わせるほどのすさまじい孤絶感が、普通の人には見えない「友だち」をつくり出したのではないだろうか。

ただし少年スティーヴィの場合と違って、その「友だち」はただ空想として存在するだけではなく、「顧客」や「ユーザー」や「信者」として可視化され、実体化されうる人たちだった。ＩＢＭやマイクロソフトやＨＰには見えていない人たちが、ジョブズには「友だち」として見えていた。

問題は見えない人たちをどうやって可視化するかだ。そこにジョブズのデザインにたいする考え方が反映されてくる。いるのはわかっている。だが目に見えない。気配だけが感じられる者たちに、「クールだ」とか「すごい」という声を上げさせて、彼らが「存在している」ことを確かなものにする。

ジョブズにとってのデザインは、見えない「友だち」を可視化するための手段だったのではないだろうか。デザインだけではない。彼が世に問う製品自体が、「友だち」を実在の世界に在らしめるためのものであり、孤独なスティーブが外界とつながるほとんど唯一の通路だったように思える。

エンジニアリングやデザインにかんしてジョブズの貢献度を疑問視する声は根強くある。実際には何もしていないという人もいる。プログラムもできなかった。デザインの何たるかもわかっていなかった。ダニー・ボイルの映画『スティーブ・ジョブズ』（2015年）でも、ウォズニアックにそんな趣旨のことを言わせている。

しかしジョブズが人とテクノロジーの接点に着目したことは確かであり、だからこそパーソナル・コンピュータというコンセプトを考えたとき、彼が何よりも重視したのはユーザー・インターフェイスだった。加えてそこに「友だち」という視点を持ち込んだ。ジョブズにとってパーソナルなコンピュータとは、機能的にもデザイン面でも「フレンドリー」なものでなければならなかった。

たとえばビル・ゲイツのマイクロソフトに「友だち」という発想はない。彼らが相手にしているのは無人格的な顧客であり、企業や法人である。一方、友をもてなすという態度で個人にアクセスすることを考えたのはアップルであり、とりわけジョブズである。個人の心にアクセスできるのは「シンク・ディファレント」のような魅力的な物語であり、デザインという美である。ジョブズには両方の才能があった。そして物語と美を首尾よくビジネスに結び付けることができた。つまり彼のビジネス感覚は最初から個人へ向かうものだったと言える。

だからジョブズにとって、自分たちが送り出す製品はただ売れればいいというものではない。本心から「友だち」に勧められるものでなければならなかった。アップルが製品の種類を増やすことに、ジョブズは一貫して反対したと言われる。大切な「友だち」に届ける製品が、そう何種類も作れるわけがないということだろう。どの製品も自分（たち）が精魂を込めて作ったものでなければならない。販売店のニーズにあわせて作るようなものであってはならない。

おそらくゲイツはそんなことは考えないだろう。彼にとって製品の種類はいくら多くてもいい。むしろハードウェアの選択肢は多いほどいい。現にＩＢＭのＰＣ互換機の登場をきっかけに、デルをはじめとするさまざまなハードウェア・メーカーが製造に乗り出し、パーソナル・コンピュータはあっという間にコモディティ化してしまう。これらのメーカーにオペレーティング・システムを積極的にライセンスすることで、ウィンドウズは一時期90％以上のシェアを占める。市場シェアの拡大だけを念頭に置けば、ジョブズのやり方はかならずしも正しいとは言えない。

にもかかわらず、ジョブズは頑ななまでに製品の細かなデザインや機能や仕様にこだわった。『消えた少年たち』のスティーヴィは、いくら親たちに注意されてもコンピュータ・ゲームをやめようとしない。スティーヴィにとってコンピュータ・ゲームは友だちとつながる唯一のツールなのだ。ジョブズの頑なさも、スティーヴィの場合と似ているかもしれない。ぼくたちのスティーブにとっては、自分（たち）が作る製品は「友だち」とつながるための大切なツールである。けっしてコモディティ化していくようなものであってはならないのだ。

ジョブズがハードウェアの製造にこだわったのも、ソフトウェアでは充分につながれないと考えたからだろう。彼は自分が直接つながりたかった。「友だち」が喜ぶエンド・ツー・エンドの素晴らしい製品によって。そのなかに自分以外のものが混入することは許しがたい。だからクローズド・システムにして媒介的なものや第三者の介入を排除しようとする。

アップルという会社が提供するものは、隅から隅まで自分が管理したものでなければならなかった。その結果、製品を語ることはジョブズという人間を語ることにもなる。iPhoneやiPadを「アップルのデザイン」や「アップルの美学」といった文脈で語ることは可能だし、その背後にはいつもジョブズの存在が感じられる。


1986年に買収したピクサーで、ジョブズは一般向けのコンピュータを販売したことがある。結果的に失敗だったが、このあたりにも彼の人間性が出ている。それまでピクサーのハードウェア販売先はアニメーターやグラフィック・デザイナーが中心だった。あるいは病院や国防、情報関係といった特殊な市場をターゲットにしていた。しかし法人やハイエンドの専門家を対象とする話にはジョブズは燃えない。これらのユーザーは製品の機能を評価はしてくれても、「めちゃくちゃすごい！」と熱狂はしてくれないからである。

つまり彼らはジョブズの矜持は満たしてくれるかもしれないが、孤独は癒してくれないのだ。孤独が癒されるためには、相手はたんなるユーザーではなく「友だち」でなければならない。このあたりからジョブズのビジネスのやり方は難しくなる。ときに強引で非情な面を見せながら、仕事上の駆け引きなどで卓越した手腕を発揮するジョブズだが、企業家としての判断や行動にはビジネス面からだけでは説明のつかないものがある。その感覚はどこか屈折していて、ときに人間臭いニュアンスを漂わせたり、深い陰影がついたりする。製品の種類を増やすことに反対したのも、その一つのあらわれだろう。

もう一つ例をあげよう。iPodは同期を一方向にして違法ダウンロードを防ぐ設計になっている。コンピュータからiPodには曲を送れるが、逆にiPodから別のコンピュータへは転送できないのだ。つまりiPodの曲をコピーすることはできない。かわりにシンプルで安全、かつ合法的な音楽ダウンロードを提供したいとジョブズは考える。そうして生まれたのがiTunesストアだ。

彼は自分の製品を使ってくれる「友だち」に音楽を盗むようなことをしてほしくなかったのではないだろうか。「盗みはいけないんだよ。他の人たちを傷つけるし、自分の人間性も傷つけてしまうからね」とのちに彼は語っている。ジョブズ一流のメッセージは本心だったように聞こえる。

顧客をたんなるユーザーや消費者ではなく「友だち」として見たこと。少なくとも、そうしたニュアンスをビジネスのなかに持ち込んだこと。この点が他の企業リーダーと比べてみたとき、ジョブズの際立った特徴であり、それは総じていい結果をもたらした。たとえば1998年8月に発売されたｉＭａｃは、発売から6週間で27万8000台が、さらに年末までに80万台が売れたが、その32％はコンピュータをはじめて買う人だったと言われる。彼は首尾よく新しい「友だち」をつくり出したわけだ。

こんな具合にジョブズは新しい市場を生み出していった。しかも一度ではない。ｉＰｏｄでもｉＰｈｏｎｅでも、それまで存在していなかった市場をつぎつぎと開拓していった。ジョブズには市場をつくり出す能力があった。それはそうだろう。誰にも見えていない消費者や顧客が、彼には「友だち」として見えていたのだから。

逆に考えてみよう。仮にジョブズが「友だち」というキーワードをビジネスに持ち込まなければ、果たしてｉＰｈｏｎｅは生まれただろうか？「友だち」に届けるというコンセプトを彼が頑なに守りつづけたからこそ、徹底したオブジェクト指向は生まれたと言えるし、それは子どもから高齢者まで、面倒くさいマニュアルを見なくても指一本で操作できる画期的なガジェットを生み出すことになった。ライバルたちが考えてもみなかった数十億規模の市場をつくり出したのである。

一方で、なんともまわりくどく大仰な手を使ったものだ、と思わずにはいられない。ぼくたちなら一人の親密な友を得れば済むところを、ジョブズの場合は「宇宙に衝撃を与えるような製品」をつぎつぎと生み出し、自分の会社を世界有数のテクノロジー企業に育て上げなければならなかったのである。ジョブズに決定的に欠けているのは自然さだろう。誰もがこともなげにやっていることが、彼には不可能に近いほど困難だった。普通のことをやるために、自分の命を削って世界をひっくり返してみなければならなかった。

15

貧困をビジネスに

ジョブズは自分の子どもたちにｉＰｈｏｎｅやｉＰａｄなどデジタル機器の使用を制限していたといわれる。真相はわからないが、ありえることだと思う。だとすれば彼自身が、自分たちが生み出しているものの破壊性を自覚していたことになる。少なくとも幼い者たちにとって、ｉＰｈｏｎｅやｉＰａｄは何かを損なってしまうこと、大切なものを奪ってしまいかねないことを、彼はよく知っていたのではないだろうか。

シリコン・バレー企業の経営幹部やエンジニアの多くが、ある年齢（中学1年生くらい？）になるまでは、子どもたちにテクノロジーと無縁の生活を送らせているというのは有名な話だ。彼らは大切な子息令嬢を、タブレットを使って授業をしているようなところではなく、木製の学習机で勉強するような古き良き伝統的な学校に通わせている。そこで子どもたちはグループで絵を描いたり、お話をつくったりして豊かな感性や創造性を育んでいく。また料理や編み物をして、テクノロジーの便利さと引き換えに失われようとしているものの大切さを学ぶ。

今後、学校教育のデジタル化は加速度的に進むと考えられる。ＧＡＦＡ（グーグル、アップル、フェイスブック、アマゾン）やネットフリックス、マイクロソフトといったテクノロジー大手が有名大学とタイアップして教育産業に進出してくるだろう。もちろんデジタル教育のなかで格付けがなされるはずだ。同じオンラインの授業でもスタンフォードやＭＩＴのものは高い。それでも実際に通うよりは安い。貧しい家庭の子どもたちは、さらに安いデジタル学校教育を受けることになるだろう。図書館や講義室のあるキャンパスで学べるのは、中学校に上がるまでデジタル機器の使用を制限されてきた子どもたちかもしれない。

なぜシリコン・バレーのエリートたちは、伝統的な学校でお絵描きや編み物をさせているのだろう。もちろん、そうやって育まれる感性や創造性が、つぎの時代の「価値」になると考えているからだ。毎晩家族で一緒に夕食をとり、子どもたちと一日の出来事について話をすることが大切だと思っているから、寝室でのスクリーン使用を禁止したりしているのだろう。食後はスマホでＬＩＮＥやゲームをするよりも紙の本を読むことを勧めているに違いない。

デジタルな環境のなかで身に付くものは、誰もが手に入れることのできるものだから個人の差別化にはつながらない。また情報やコミュニケーションへの無制限なアクセスは、さまざまな点で子どもたちに悪影響を与える。だとしたらアップルやマイクロソフトやグーグルやヤフーは何をしていることになるのか？　ひとことで言えば、「貧困をビジネスにしている」ということだろう。

数年前にワシントン州を車で旅していたときのことだ。その夜はキャンプをすることになっていたので、必要な食料や飲み物を買おうと思い、目に付いたウォルマートに入った。店内をひととおり見てまわり、積み上げられている食品の種類と量に圧倒された。日本人のぼくたちからすると、一つひとつのパッケージが信じられないくらい大きい。しかも目に付く食料品は、パンやチップスやシリアルなど、炭水化物を主原料としたものがほとんどだ。さらに冷凍ピザ、小型のバケツほどもある容器に入ったアイスクリームなど。低栄養・高カロリー・糖質まみれのものが揃っている。

こんなものを毎日食べていたらどうなるか？　結果は火を見るよりも明らかだ。店のなかで買い物をしているほとんどの人が肥満体で、太っていない人を見つけるほうが難しい。しかも太り方が尋常ではない。メタボなどといった生易しいものではなく、ぼくたちの感覚からすると明らかに病気である。なかには体重を支え切れずに自分の足で歩くことのできない人もいる。このためシニアカーのような電動カートが備え付けられている。

同じことがスマートフォンやタブレットなどのデジタル機器についても言えるのではないだろうか。これらのガジェットを無造作に子どもたちに与えることは、ウォルマートで売っている食品を制限なく食べさせることに等しい。その結果、子どもたちは病的なまでに肥満して自分の足で歩けなくなる。兆候はネット依存のようなかたちですでにあらわれている。

ワシントン州の中心都市シアトルにはアマゾンの本社がある。そこで目にした光景はウォルマートとは対照的なものだった。昼休みにドッグランで犬を遊ばせるアマゾン社員のなかに肥満の人を見つけるのは難しい。カジュアルな服装で、多くは健康的な体系を維持している。きっと時間を見つけてジョギングをしたり、休暇はアウトドア・アクティビティを楽しんだりするのだろう。日常の移動手段は車よりも自転車といったタイプだ。ベジタリアンやビーガンもいるに違いない。

どうやらローテクは贅沢品になっているらしい。子どもたちにデジタル環境を制限したり、オーガニックで健康的な食生活を送ったりできるのは富裕層の特権になりつつある。一方の貧困層は、デジタルなガジェットと糖質まみれのジャンク・フードで肥満し、自分の足で満足に歩けなくなっている。

もう一つ例をあげよう。数年前（2019年）に大連に行った。中国製造2025と一帯一路の現在を視察して勉強する、というのが一応の名目である。地元の大学の先生方がアテンドしてくれた。最終日に観光を兼ねて一行で旅順を訪れた。ここには有名な203高地がある。正しくは東鶏冠山北堡塁という。一説によれば1万5000人の兵士の命が失われたという日露戦争の激戦地を見学したあと、いくらか重い気持ちで帰路についた。

大連へ戻る途中、道路わきにたくさんの露店が出ている。このあたりはサクランボの産地で、6月はちょうど収穫の季節だ。それを地元の農家の人たちが売っている。笊《ざる》に一杯が千円ほどで、日本に比べると嘘みたいに安い。買って帰ってホテルでワインでも飲みながら食べようということになった。お金を払おうとしたら、日焼けした農家のおばさんが人民元は受け取れないと言う。取り出したのはスマホである。これで決済しろということらしい。ぼくたちは決済代行の手続きをしていないからモバイル決済はできない。仕方がないので、案内役の地元スタッフの方に立て替えてもらった。

中国がキャッシュレス社会だとは聞いていた。北京でも上海でも大連でも、露天商を含めて多くの店が人民元を受け取ってくれない。VISAやアメックスやダイナースな

「過ぎ去る人生を傍観者でいてはならない」スティーブ・ウォズニアック

どのクレジットカードも、空港やホテル以外では使えないところが多い。だからといって、わざわざ銀聯《ぎんれん》を準備していくのも面倒である。というわけで買い物はずいぶん制約されてしまう。それにしても旅順の道端で売られているサクランボまでが、QRコードによるモバイル決済とは思わなかった。もはや中国全土、スマートフォンで決済できないシーンはないと言っていいかもしれない。

　モバイル決済の利点の一つは社会的コストの削減だろう。現金大国である日本の場合、現金決済インフラを維持するために、年間1兆円を超えるコストが発生していると言われる。もう一つの利点は、迅速な送金によって無駄な時間が減り、生活効率が良くなることだ。14億の人口を抱える中国では、これらが大きな意味をもつことは理解できる。

　一方で、無料で便利なモバイル決済の代償として、利用者は個人情報を提出しなければならない。収集した個人データによって、プラットフォーム企業などが収益を上げるというビジネス・モデルが出来上がっている。彼らもまた貧困をビジネスにしていると言えるだろう。

　中国などで見られるように、現金やクレジットカードを使えるのは一部の富裕層であり、それ以外の多くの人たちはモバイル決算に依らなければ生活できなくなっている。いまやスマホは貧困層にとって必要不可欠のライフラインになりつつある。

２０１０年にｉＰａｄが発売されたころ、グーグルはアンドロイドＯＳの提供をはじめる。先行するアップルのｉＰｈｏｎｅに対抗し、グーグルもスマートフォンを端末とするビジネスに参入してきたわけである。１９８０年代、アップルはマッキントッシュのオペレーティング・システムをライセンスせず、多くのハードウェア・メーカーにライセンスしたマイクロソフトに市場をほぼ独占されてしまった。グーグルのやり方はかつてのマイクロソフトと同じだ。ｉＰｈｏｎｅの場合、設計から製造、販売までをアップルが独占的に行っている。一方のグーグルは、モバイル専用端末のＯＳとしてアンドロイドを提供しているだけで、携帯端末を開発し生産するのはサムスンやＬＧなどのメーカーである。

こうしてスマホは庶民化していく。いわばｉＰｈｏｎｅのインスタント・ラーメン化である。スマートフォンがグローバル製品として世界市場へ進出するためには、商品のスペックを意図的にグレード・ダウンさせる必要がある。とくにＢＯＰ（Base of the Economic Pyramid）と呼ばれる低所得層は、途上国を中心に世界人口の約7割を占めるといわれる。彼らをターゲットとするには「Good Enough（それでいいんじゃない）」のレベルにとどめるほうが賢明なのだ。

ジョブズには耐え難いだろう。彼はカップ麺など絶対に口にしないはずだ。食べるとしたら超一流の料理人が腕によりをかけて作ったラーメンだ。だがジョブズのようなやり方は、世界市場ではオーバー・スペックになりかねない。パーソナル・コンピュータが普及していない国では、モバイル端末が唯一の個人端末になる。社会経済体制をゼロから立ち上げるためのインフラとしてモバイルが位置づけられているのだ。

20代だったころのジョブズは、「パーソナル・コンピュータで世界を変える」という野望を抱き、友人のウォズニアックと二人でアップル・コンピュータを興した。そして実際にアップルⅡやマッキントッシュといった世界を変えるコンピュータを世に送り出した。さらにｉＰｈｏｎｅによって、彼はパーソナル・コンピュータの意味を変えてしまう。スマホは世界中の人々にとって、パーソナルよりもさらにパーソナルな個人端末となる。このころからアップルもジョブズ自身も、世界市場を相手にする貧困ビジネスに巻き込まれていくことになる。

かつて「３分間で１００億円を生む」と言われたプレゼンテーションでジョブズが

華々しく発表したｉＰｈｏｎｅは、いまでは必要最低限のインフラ化として地球規模での貧困と不幸の指標になっている。いつだったか、白旗を掲げた４ＷＤで無人の砂漠地帯を移動するシリア難民の家族の写真を見たことがある。内戦を逃れて隣国をめざす彼らにとって、スマホに搭載されたＧＰＳは文字通りの命綱であるはずだ。

テロを決行するＩＳの戦士たちにとっても、スマホは必携のものになっている。同志たちと連絡を取り合うのはスマホだろう。ユーチューブなどに動画を流して世界の恐怖を煽るのにも使われる。末端の兵隊たちにとっては、コーランよりも必須アイテムと言えるかもしれない。さまざまな犯罪にもスマホが使われる。あの手この手の詐欺やカード情報などの抜き取り。ＳＮＳやネットを使った性犯罪。なりすまし投稿による誹謗中傷。個人や学校などにたいする脅迫。ＬＩＮＥでのいじめや仲間外れ。こんなことが身近で頻繁に起こっている。

どうやら全世界的にスマートフォンを不可欠のアイテムとし、身体や人格の一部分のように手放せなくなっているのは貧困層であり、困窮している人たちであり、虐げられた人たちであるらしい。さらに社会的に疎外され、不平や不満を募らせている人たちでもあるようだ。つまり貧しくて不幸せな人ほど、スマートフォンへの依存度が高いということになる。

たしかに2007年の時点で、iPhoneにたいする人々の称賛はジョブズの矜持を満たし、彼の孤独を癒したかもしれない。だが、10年以上が経ち、スマートフォンやインターネットを日常とするデジタル環境は、七十数億の人類に深刻な孤立と対立をもたらしているように見える。それが意味するところは弱肉強食の世界の復活だろう。力のない者は虐げられ、貧困化していき、難民になったり犯罪者になったりテロリストになったりしている。


もともとコンピュータというテクノロジーは戦争と切り離せないものだった。これを平和な世界で享受できるものにしたのはジョブズたちの世代と言っていいだろう。パーソナルなコンピュータなどというものは、平和な時代でなければ生まれようがなかった。それは黎明期のインターネットと同じように、良識的で親密なコミュニティのためのものだった。

その後、約30年のあいだにインターネットはブログやソーシャル・ネットワーキングのプラットフォームへと進化し、身近で日常的になったぶんヘイトで溢れかえり、人々の恐怖や不安を煽る動画がつぎつぎに投稿されている。またパーソナル・コンピュータから進化したスマートフォンは、テロや戦乱や紛争の現場でも使われている。

これはどういうことなのか？　パーソナルなコンピュータは人間の表現の可能性を拡大する、とジョブズは信じていた。彼らの尽力によって誰もが手軽な表現手段を手にすることができた。その結果、惑星全体が人々の欲望や憎しみや妬みで覆い尽くされていることを、ぼくたちはどう考えればいいのだろう。人間は本来そのような生き物なのか。どこかで設計を誤ったのだろうか。

善悪を知る木の実として旧約聖書に登場するりんご。ジョブズたちの会社の名前が悪い冗談のようにも思えてくる。パーソナル・コンピュータ、インターネット、ワールド・ワイド・ウェブなどは、いずれもアダムとイブをそそのかしたヘビが姿を変えたものではないのか。ジョブズたちがつくった「りんご」の味を知ってしまったぼくたちは、永遠にエデンの園から追放されてしまったのだろうか。

いま多くの人が終末の予感のなかを生きている。未来のことを考えるほど絶望的な気分になる。絶望にとらわれないためには未来を遮断し、思考停止に陥るのが手っ取り早い。いまだけ、ここだけ、自分だけ。生きることは多かれ少なかれ現実逃避の様相を呈している。スマートフォンは思考停止と現実逃避をかなえてくれる格好のガジェットだ。誰も自分のまわりのものを見ようとしない。現実の世界から目を背けて、小さな液晶パネルに見入っている。タッチパネルに指を触れ、縦や横にスクロールしたり指先で小刻みに叩いたり……そうやっていまだけ、ここだけの自分を生きている。

21世紀の最初の10年間にジョブズと彼の会社が生み出した製品は、そのたびに「夢」の実現として熱狂的に迎え入れられてきた。ジョブズもアップルも多くの人にとって夢をかなえてくれる存在だった。たしかに夢は一部かなえられた。そして瞬く間に失われた。いまいちばん難しいのは夢を語ることかもしれない。

16

孤独の惑星

ジョブズがものを食べるシーンを思い描くことができない。何本か作られたジョブズ関連の映画やドキュメンタリーでも、食事のシーンはほとんど出てこなかったと思う。アシュトン・カッチャーが主演した映画では、レストランで会社の重役たちとストック・オプションの相談をしているとき、給仕が持ってきた料理を「見たくもない」といった感じで下げさせるシーンが印象的だった。

菜食主義を中心とした極端な食事については多くの人が証言している。学生時代にはニンジンとりんごなどで何週間も過ごしたり、自然食系のシリアルだけで暮らしたり、果物と野菜しか食べなかったり、とにかく食事にかんしてはストイックな印象が強い。料理を「ごちそう」として見ることは、ジョブズにはできなかったのではないだろうか。食べることが、あまりにも機能や精神性に偏っている。

もちろん普通に食事はしていただろうし、地元の寿司屋などへは家族や気心の知れた人たちとよく出かけたようだ。ただ好き嫌いは激しく、最初のころはお新香巻きやかっぱ巻きしか食べなかったらしい。自宅では完全に和食で、パーソナル・シェフはジョブズ用の食事と家族のためのメニューと2種類つくっていたという。心の免疫反応が過剰に強い人なのだ。それが彼のアレルギー体質にも似た人格をかたちづくっている。

ジョブズの生涯を眺め渡して、決定的に欠けているのは「味わう」ことかもしれない。とくに食べ物を味わった形跡がない。バイオグラフィーのなかに、若いころのガールフレンドとのあいだに生まれた娘と東京の寿司屋で穴子を食べる場面が出てくる。冷たいサラダばかり食べていた父親が、娘と二人きりの店で温かい穴子の握りを口にする。そんなことを娘のほうが印象深くおぼえているほど、彼の人生には食べることを楽しむといったシーンが希薄なのである。

悲しいではないか。長く認知を拒んできた娘を受け入れ、二人で食事をしたときに、冷たいサラダやお新香巻きしか許さなかった心が、やわらかく温かみのある料理に向かって開かれた。孤独で頑なな父親のなかに、ようやく「味わう」という契機が生まれたのだろうか。

食べること、とりわけ「味わう」という側面の貧弱さは、ジョブズの人間らしさの希薄さにつながっている気がする。とくに対人関係における情緒の欠落が甚だしい。実の娘を認知しようとしなかったことや、学生時代からの友人にたいしてストック・オプションの権利を与えなかったこと。当事者たちから見れば、人間性の欠如と言われても仕方がないようなことを生涯に山ほどしている。

ドキュメンタリー映画（『The Man In The Machine』2015年）のなかで、元恋人がジョブズを評して「モノを愛するけれど人を愛せない」と言っているのは、一面当たっている気がする。女性遍歴の華麗さは「愛」とは関係がない。むしろ愛せないから渡り歩くのだろう。伝記の類を読んでも、アンセル・アダムズの写真、ベーゼンドルファーのピアノ、バング&オルフセンのオーディオ機器、ポルシェやメルセデスの車、BMWのバイク、ヘンケルのナイフ、ソニーやブラウンの家電など、彼のまわりにはモノばかりが目立つ。モノにしか愛着を向けられなかったということだろうか。

モノを味わうということは、たしかにあるだろう。デザインを味わう、機能を味わう。音や振動やスピードを味わう。だがその場合、味わうことの仕様は一人だ。だからジョブズについては、味わうことの貧弱さというよりも、「ともに味わう」ことの欠如と言ったほうがいいかもしれない。彼が好きだったという龍安寺の石庭にしても、一人で静かに味わうといった趣の強い場所である。若いころに傾倒したスピリチュアルなもの、禅、瞑想、いずれも基本的な仕様は一人だ。他者にアクセスするというよりは、自分自身にアクセスするための修養であり、ひたすら「自己」に傾斜している。

自己に傾斜しているという点では、ぼくたちも同じかもしれない。現在の世界は「一人」が基本仕様になっている。多くのものがその場で注文できる。しかもキャッシュレスのモバイル決済だ。どれを買おうか、何を食べようか。相談する相手がいなくても、その人のことをその人以上に知っているアルゴリズムがレコメンドしてくれる。

自分は変わらなくても済む、という意味でも生きることは「お一人様」仕様である。自分に合わせて情報を検索し、収集し、選択する。インターネットはそのようなものになっている。結婚相手もＡＩに決めてもらう。当人が重視する価値観と相手に求める価値観を測定し、どんな価値観のカップルが結婚に至ったかのデータを分析することによって、最適の二人をＡＩがマッチングさせる。この二人は数の上では二人だが、一人と一人が出会っただけで、もとの仕様は何も変わっていない。

ジョブズのなかにも自分が変わるという志向性はなかった。自分が変わるかわりに世界や他人を変えようとした。容易に変わらないときには「現実歪曲フィールド」を使った。いまやそれは万人のものになっている。誰もが恣意的に歪曲できる自分だけの「現実」を生きている。ある意味、ジョブズは先駆的だったとも言える。

ツイッターやフェイスブックのようなSNSを利用するとき、あるいはグーグルで検索したりアマゾンで買い物をしたりするとき、ぼくたちは「自分が世界の中心」という感覚を味わっている。世界中の人や情報やコンテンツは、デジタル化を経てネットワークによってつながっており、瞬時にデスクや手のひらの上に取り寄せることができる。アマゾンで音楽や映画や電子本などのデジタル・コンテンツを注文するときは、文字通りワン・クリックだ。それはLSDなどによってもたらされる全能感に近いのかもしれない。

ツイートをするときのドナルド・トランプは、同じような自己中心の感覚、ドラッグ体験にも似た全能感を味わっていたのかもしれない。モノトーンで繰り返される彼の自国第一主義的な発言は、ぼくたちのサイバー・スペースでの体験と無関係ではないだろう。現在の世界は、七十数億の自己中心的な「トランプ」によって構成されている。七十数億の卑小な神がネットワークによってつながっている。前代未聞の異常な事態と言える。

ぼくたちは「自分」を中心として、惑星規模で無際限につながっている。自己が世界の中心を占めているという全能感は、裏を返せば、その自己をめがけて世界が押し寄せてくるということでもある。あらゆるレイヤーからの膨大な情報が不断に、かつ瞬時に「私」に向かって殺到する。有用な情報もあれば無用な情報もある。有益な情報もあれば有害な情報もある。いずれにしてもグローバルなネットワーク社会において、ぼくたちは常に情報のオーバーフロー状態に曝されている。

インターネットは戦時下に軍、大学、民間企業のパートナーシップから生まれたものだ。当初の目的は攻撃を受けた際に早期警報を出し、迅速に応戦準備を整える防空システムの構築だった。これが一般市民と営利企業に公開された。つまり防空システムがぼくたちの日常になったわけだ。常に敵から攻撃を受ける危険に曝されているため、24時間年内無休で応戦態勢を整えておかなければならない。

そして敵が現れたときは一人で戦うしかない。なぜならぼくたちは相互につながっているけれど、そのネットワークは「相互に無関係」というアーキテクチャーで設計されているからだ。一人ひとりが孤立した個人として孤立無援である。しかも誰もが同じ環境、同じサイバー・スペースを生きているから、その行動は恐ろしいくらいに画一的なものになる。万人が同じように考え、同じように判断し、同じように行動する。

今回のコロナ禍で露わになったことは、何よりもそのことではないだろうか。さらにぼくたちは情報を集めることには長けているけれど、自分の頭で考えたり判断したりすることは、ほとんどできなくなっているらしい。現在、多くの人が使っているインターネットやウェブといったツールは、発信される情報を一方的に受け取ることが主になっている。こちらから発信する場合でも、たいていはインスタントな条件反射みたいなものだ。自分で納得するまで考えるといった面倒な作業は回避・敬遠され、情報の検索や収集、取捨選択で済むことだけで一日が埋められていく。

こうした環境のなかに、新型のウイルスについて「得体の知れない病原体」というイメージが紛れ込む。それに付随した情報やデータが拡散される。敵は人類史上最悪のウイルス、高い致死率をもたらす恐ろしい相手である。ぼくたちの社会に目に見えないテロリストが潜入したようなものだ。途端に、多くの人が思考停止に陥り、身動きのとれない状態になってしまった。便利なデジタル・ツールを通して、一瞬のうちに「不安」と「恐怖」に感染してしまったのである。

するとどういったことが起こるか？　強制でも制圧でもなく、自ら進んで主体性を放棄する。フランス革命以降、２００年にわたり曲がりなりにも近代の象徴であった「自由」を放擲《ほうてき》する。それが日本だけでなく世界中で起こっている。有効性のはっきりしない自粛要請、移動制限、外出禁止にたいして、日本は言うまでもなく、欧米各国でも抗議運動は起こらなかった。言われるままにマスクを着用し、濃厚接触者の自宅待機にもおとなしく従い、いまは一日千秋の思いでワクチン接種の順番を待っている。まるで70億を超える人類がみんな従順な家畜になってしまったかのようだ。

誰も必要とは思わなかったのに、気がついたときには、これなしでは生きていけないとみんなが思ってしまう。そういうガジェットを作り上げることにかけて、ジョブズは並外れた才能をもっていた。この稀有の才能を活かして、スマートフォンというそれまで存在しなかったものを形にしてしまった。

しかし彼がいなくなって10年、この画期的な発明も平準化した。それは日用品として使えるものになり、現に人種、民族、宗派、貧富を問わずみんなが使っている。これほど人類が平等に使える機器は、歴史がはじまってこのかた存在しなかったかもしれない。いま地球上で、紙でお尻を拭く人よりも、おそらくスマホを操作する人のほうが多いだろう。

20代のジョブズは「1人に1台のコンピュータ」というコンセプトのもとにパーソナ

ル・コンピュータを構想し、それによって世界を変えるという夢を描いた。彼がパーソナル・コンピュータを構想したころから半世紀が過ぎようとしている現在、地球上の多くの人のポケットには超高性能の小型コンピュータが入っている。

スマートフォンという名の万能機械を、小遣いから捻出できる程度の値段で購入し、常時ポケットに入れて使っていることの負債を、いまぼくたちはコロナ禍というかたちで支払わされているのかもしれない。解放が隷属を意味し、際限のない自由は際限のない管理や監禁と直結する世界が、足早にやって来ようとしている。人々はオンとオフによる瞬間的なコミュニケーションをつづけながら、分子レベルでデータ化され管理される生物学的シチズンとなろうとしている。二進法の人的リソースや公共的身体として、ネットワーク化した世界の端末になり下がろうとしている。われわれは何者なのか？なお何者かでありうるのだろうか？

ジョブズが望んだように、たしかに世界は変わった。いいほうへも悪いほうへも激しく、極端に変わった。テクノロジーによって世界が変わるとは、そういうことかもしれない。いまや先進国・新興国・途上国を問わず、人々は人間的な価値をほとんど失っている。ただ生き延びることだけに価値を見いだす生物学的な存在にまで生は縮減されている。

いる。そして一人ひとりが自分だけの孤独の惑星に棲んでいる。ぼくたちは世界中の人たちとつながっているけれど、誰ともつながっていない。誰もが生き延びることを至上の価値として、自分自身にアクセスしつづけている。

ある意味、万人がスティーブ・ジョブズになってしまったのだ。あたかもスマートフォンなどのガジェットによって、彼は人類を自分のクローンにしてしまったかのようだ。誰もがジョブズと同じような強い孤独感と孤立感にとらわれている。一人の天才的な起業家の個人的な問題が、現在では地球を覆う人類規模の問題になっている。

どうすれば世界や人生を、自分の足で歩くものにすることができるのか？　再び人間的な価値を取り戻すことができるのか？　ジョブズの人生を追いかけてきたぼくたちは、彼の最後の日々にフォーカスしてみようと思う。

17

死

2005年、ジョブズは50歳になる。この年の秋、彼はティム・クックをアップルの最高執行責任者（CEO）に就任させる。自身は一歩退いたかたちにも見えるが、実際には残りの5年間を、ジョブズはこれまで以上にフルスピードで走り抜ける。残された時間から逆算して、やるべきことをやり遂げたようにも見える。

死を覚悟したジョブズが渾身の力を注いだ作品がiPhoneである。すでに触れたように、きっかけは携帯電話だった。携帯電話に音楽プレイヤーの機能が搭載されれば、iPodは市場から駆逐されてしまうだろう。カメラ付き携帯電話の普及によって、すでにデジタル・カメラがそうなっていたように。このあたりジョブズの先を見る目は冴えている。携帯電話の市場は小学生から年寄りまで非常に広い。アップルがヒップなプレミアム製品を投入すれば、シェアを得る余地は充分にある。

幾多の試行錯誤を経て2007年1月にiPhoneが発表される。舞台となったサンフランシスコのマック・ワールドで、ジョブズはいまでは伝説になっているデモンストレーションをおこなう。それは1968年にダグラス・エンゲルバートがおこない、のちに「あらゆるデモの母」と呼ばれるようになったデモ以来の歴史的なものだった。

2008年、がんが再発する。すでに2004年に、膵臓の大半を摘出する手術を受けている彼の体重はたちまち20キロ近くも減少する。ジョブズに重大な健康上の問題があるのは誰の目にも明らかだった。会社のCEOにプライバシーはないと言っていい。とくにジョブズのようにカリスマ的なリーダーの場合、その健康状態はただちにコーポレート・ガバナンスに影響を与える。2008年6月初めに188ドルだった株価は、7月末には156ドルに下がり、さらに10月初めには97ドルまで下落する。投資家とメディアはアップル側に正直な情報の開示を求めた。

2009年1月のマック・ワールドにジョブズは現れない。やつれた姿を見せないほうがいいという判断からだったようだが、過去11年間、大きな製品発表はかならず自分で行ってきたジョブズが登壇しないことは、かえってその健康状態の深刻さを浮き彫りにする結果となった。それでもアップル側は病状を公表しない。このため会社が「重要情報」を株主から隠しているのではないかと、証券取引委員会が調査にまで入る騒ぎとなった。たしかにジョブズほど会社とCEOが一体となっているケースは稀だが、加えて彼には極端なまでにプライバシーを守ろうとする傾向が強かった。

のちに明らかになったところでは、このころジョブズはすぐにでも肝臓移植が必要とされるほど重篤な状態だったらしい。アメリカの臓器配分ネットワークは公正にできているらしく、順番は移植の必要性を判定するスコアによってきめられている。このリストはがんよりも肝硬変や肝炎の患者を優先しており、ジョブズのように裕福でも前のほうに割り込むわけにはいかない。カリフォルニア州で移植手術を受けられるのは6月以降だが、医者からは4月ごろまでしかもたないだろうと言われていた。そこでジョブズの妻が、二つの州で順番待ちのリストに登録する方法を思いつく。違法ではなかったが、テネシー州の病院まで8時間で行けるという条件は、自家用ジェット機を持つ者だからクリアできたことではある。

こうして2009年3月、交通事故死した20代の若者からジョブズは臓器提供を受ける。最高の医療と看護のおかげで5月末、彼は自家用機で死から生還する。仕事への執着の強いジョブズは、戻って数日後の取締役会に姿を現し、6月末には完全復帰を果たす。あいかわらず気が短く怒りっぽかったという。喧嘩っ早く辛辣《しんらつ》な性格もそのままだった。臓器を取り換えても性格は変わらないらしい。

ジョブズが最後に行った新製品発表は、2010年1月27日のiPadのプレゼンテーションだった。iPhoneの発表から3年が経っていた。新製品を手にした彼はゆっくりとした足取りで壇上を歩き、ル・コルビュジエがデザインした革張りの椅子に腰を下ろす。サイド・テーブルはエーロ・サーリネンだ。いかにもハイセンスでアットホームな演出だが、じつは彼の健康状態に配慮したものだったらしい。iPadはiPhoneを上回るスピードで売れつづけ、発売から9カ月で1500万台に到達した。新発売された消費者製品として史上最高の成功を収めたと言われている。

iPadはジョブズが追求しつづけてきたパーソナル・コンピュータの一つの完成形と言えるだろう。スクリーンに指を走らせるだけでアプリが起動し、電子メールを送ったり、本や新聞を読んだり、映画を観たり、音楽を聴いたり、ゲームをしたりといった多くのことができてしまう。小学生に上がる前の子どもから80歳の老人までが、難しい操作法をおぼえなくてもなんとなく使えてしまう、まさに愛犬のように「フレンドリー」なガジェットだった。

ウォズニアックと二人でアップル・コンピュータを立ち上げたのが1976年、そのきっかけとなったアップルIはむき出しのワンボード・マイコンに過ぎなかった。それからiPadまでの35年間を、ジョブズはほとんど一人で駆け抜けてきた。とくにアップルに復帰してからの10年余りは、本人も会社もすさまじい勢いで前に進みつづける。

この間に、ジョブズとアップルが生み出した主な製品を見ても、1998年のiMac、2001年のiPod、2007年のiPhoneと、それぞれが大きなイノベーションと言っていい画期的なマシンばかりだ。ムーアの法則という技術的な必然性はあったにしても、数百年に一度という奇蹟の瞬間に、ぼくたちは立ち会ってきたのかもしれない。

晩年のジョブズとアップルのことを書いていると、ぼくはビートルズのことを思い浮かべてしまう。彼らのイギリスでのデビューは1962年、「プリーズ・プリーズ・ミー」や「抱きしめたい」を楽しそうに歌っていたバンドは、たった7年で陰影と深みに富んだ『アビイ・ロード』を生み出してしまう。60年代にビートルズが起こした奇蹟を、ジョブズは晩年の10年間にコンピュータの世界で再現したと言えるかもしれない。

中学生のころにビートルズを聴きはじめて、いつも不思議に思っていたことがある。それはデビューから解散までのメンバーの風貌の変化の大きさだ。1963年にEMIビルで撮ったデビュー・アルバムの写真と、1969年の『レット・イット・ビー』の写真を比べてみる。溌剌とした四人の好青年は、疲れ果てた暗い表情の男たちになっている。ジョージはインドの修行者みたいだし、ジョンも頬がこけてふっくらしていたデビュー当時とは別人みたいだ。いったい彼らに何が起こったのだろう?

ぼくの考えた仮説は、「極度に濃縮された体験による加齢」というものだ。デビューから解散までの7年ほどのあいだに、彼らはエリザベス女王を含む世界中の要人・貴人(奇人)・変人と会い、巨大な富と名声を得て、ドラッグや女性関係を含めて、ぼくたちが一生かかっても間に合わないくらいの経験をしたはずだ。普通の人にとって数十年にも、一生にも相当する濃縮された時間が、彼らを急速に老成させたのではないだろうか。

ジョブズにも同じことが起こった気がする。最後のプレゼンは2011年3月、iPad2の発表である。このとき56歳になったばかりのジョブズは70代の老人のように見える。もちろん病気のこともある。臓器移植まで受けた肉体が年老いて見えるのは当然かもしれない。しかしアップルに復帰してからの10年間で、彼の風貌は大きく変わっている。まるで60年代のビートルズのメンバーたちの変化を見ているようだ。

ジョブズにも「極度に濃縮された体験による加齢」が起こったのではないだろうか。がんという病気も、加速のついた生き方が引き寄せたものかもしれない。3月のプレゼンのあと、ジョブズには7カ月しか残されていない。6月にサンフランシスコのコンベンションセンターで、デジタル時代の新しいヴィジョンとしてiCloudを発表すると、数分後にアップルの株価は4ドルも下落する。会社のCEOの健康状態がただならぬものであることは誰の目にも明らかだった。7月には骨をはじめ身体のあちこちにがんが転移してしまい、もはや手の施しようがなくなった。身体中が痛み、固形物はほとんど食べられなくなった。気力も体力も失い、日がな一日、彼はテレビを見ながら寝室で過ごすようになる。

夏を通じて、ジョブズの健康状態は少しずつ悪化していった。これ以上、会社のCEOをつづけるのは無理だった。彼はついに自分がつくり上げてきた会社の経営権を手放すことを決意する。8月24日の定例取締役会に、ジョブズは最後の気力と体力を振り絞って出席する。車椅子で会議室に入ると、アル・ゴアをはじめとする6人の社外取締役に自分の口から辞任を伝えた。スティーブ・ポール・ジョブズが亡くなったのは2011年10月5日、56歳7カ月の生涯だった。

18

たどり着いた未来

あたりは閑静な住宅地だ。平日の昼下がりで、人通りはほとんどない。目的のガレージはすぐに見つかった。郵便ポストに「２０６６」と書いてある。その横に「立ち入り禁止」の看板が立ち、「防犯カメラが作動しています」という、やや脅迫めいた文言が見える。なんとなく写真を撮るのも憚られる雰囲気だ。さり気なく何枚かシャッターを押して通り過ぎる。

ここにジョブズが住んでいたことを示すものは何もない。ただ「クリスト・ドライブ２０６６」という住所を頼りにやって来た。日本の感覚からすると高級住宅街ということになるのだろう。品のいい一階建ての家には、車が優に2台入るくらいのガレージが付いている。住居部分の窓下にはレンガを積んだ花壇があり、手前にデヴィッド・ホックニーの絵で見るような、いかにもカリフォルニアという感じの芝生の庭がある。手入れが行き届いているのは、ロス・アルトス市の歴史的資産に指定されているせいだろうか。

ジョブズはこの家で育った。１９７6年春にここでスティーブ・ウォズニアックとアップル・コンピュータを起業した。ジョブズはそれまで勤めていたビデオゲーム・メーカーを辞めたばかりで、ウォズニアックはヒューレット・パッカード（ＨＰ）の社員だった。「アップル」という名前は車のなかでジョブズが適当に考えたらしい。ウォズが設計し、ジョブズが販売を担当する。伝説によれば、いまぼくが目にしているガレージで、ウォズニアックは初代のアップルⅠを組み立てたことになっている。むき出しのワンボード・マイコンに過ぎなかったが、すべてはそこからはじまった。その場所に、いま自分は立っている。でも、何も感じない。何をどう感じていいのかわからない。なぜこんなところまで来てしまったのだろう？

ジョブズの最後の言葉とされるものがネット上に出まわっている。本物なのかフェイクなのかわからない。個人的にはどちらでもいい気がする。こんなかたちで彼が生きつづけていることが面白いと思う。この先も長く、ぼくたちの世界からジョブズの名前と顔が消えることはないだろう。彼は亡霊のように世界にとり憑き、あらゆる場所に姿を現す。

自然であることが何よりも苦手だった。誰もが普通にやっていることが、彼には不可能に近いほど困難だった。普通のことを自然にやるために、世界をひっくり返してみなければならなかった。惑星サイズにまで肥大した彼の自我は、いつも孤独で孤絶していた。クローズドしたシステムのなかには、自分以外のものは入らない。そんな自己との格闘に、ジョブズは生涯の大半を費やしたようにも見える。

〈わたしはビジネスの世界で頂点に立った。他人にはわたしの人生は成功者の縮図のように見えるかもしれない。だが仕事をのぞくと喜びの少ない人生だった。わたしが積み上げてきた富は、人生の終わりにはたんなる事実でしかない。人に認められること、巨額の富を得ること、かつて矜持を満たしてくれたものは、迫りくる死を前にして色褪せ、無意味なものになっている。この暗闇のなかで、わたしは生命維持装置の緑色のライトが点滅するのを見つめ、機械のたてる耳障りな音を聞いている。〉

サン・マイクロシステムズの元メイン・スタッフで、一時期はジョブズの会社ネクストに投資していたこともあるビル・ジョイの有名なエッセイに、「なぜ未来はわれわれを必要としないのか」というものがある。このなかで彼は、近い将来にロボット工学、遺伝子工学、ナノテクノロジーといった強力なテクノロジーが人類の生存を脅かすようになるだろうと警鐘を鳴らしている。10年ほど前の論文だが、現在のＡＩ脅威論にもつ

「自分で目指すものをヒットさせろ」
サン・マイクロシステムズのチーフサイエンティスト、ビル・ジョイ

ながるもので、亡くなったスティーブン・ホーキングをはじめ、ビル・ゲイツなども同様の懸念を表明していた。最近ではグーグルのCEOもAI規制の国際的なルール作りが必要だと述べていた。

ユヴァル・ノア・ハラリの『ホモ・デウス』も同じ見通しに立つものと言えるだろう。AIなどの高度なテクノロジーが人類の大半を「無用階級」とする一方で、人間は至福と不死を追い求めて自らを神にアップグレードしようとする。コンピュータ・サイエンスとライフ・サイエンスの融合がそれを可能にしていく。完璧をめざす人間にとって、意識や感情は不要なノイズでしかない。来るべきホモ・デウスに心や魂は必要ない。

ハラリのいう「神なる人間」へのアップグレードは、自己嫌悪の裏返しではないだろうか。人間であることへの絶望と言ってもいいかもしれない。ぼくたちの多くが人間であることに疲れている。自分や他人が人間であることにうんざりしている。なぜだろう？

ジョブズと同じように、ぼくたちの自我も肥大し、絶対化しているからではないだろうか。誰もが自己を持て余し、どう扱っていいかわからなくなっている。心や魂をもたないホモ・デウスは、人間に絶望した者たちにとってはある意味、心地いいのかもしれない。

1万年時計というプロジェクトがある。スチュアート・ブランドたちによって1995年にはじまったもので、100年や1000年といった単位で歴史や未来をとらえるのではなく、農耕文明がはじまって1万年を経たいま、つぎなる1万年に向けて考えようと呼びかける。そのモニュメントとして1万年の時を刻みつづける巨大な時計を建設するという計画だ。プロジェクトを進めるロング・ナウ協会の理事には、元WIRED編集長のクリス・アンダーソンやケビン・ケリー、未来学者のポール・サフォー、『未来地球からのメール』の著者として知られるエスター・ダイソンらが名を連ねる。

ビル・ジョイが危惧する破滅的な未来と、ロング・ナウ協会の前向きな1万年時計。トーンは違っても、ぼくには同じものに見える。二つのヴィジョンが重なったところに同じ光景が見える。同じ世界と未来。人間が消えた世界で静かに時を刻みつづける時計、その時計が作られたころ「人間」と呼ばれていたものとは、似ても似つかないものが地上に棲息している。

テクノロジーを野放しにしていたら人類は深刻な存在の危機に直面するという警告も、そうならないために持続可能な1万年先の未来を考えようという啓蒙も、ぼくの心には響かない。そこで紡がれる言葉は空疎で、噛んでも味がしない。なぜか？　理由は簡単だ。もし自分ががんのような病気を告知され、余命半年から1年を宣告されたら、人類の深刻な存在の危機も持続可能な1万年先の未来も、その場で跡形もなく揮発してしまうに違いないからだ。

ビル・ジョイもロング・ナウ協会も、肥大した自我を弄んでいるだけではないだろうか。彼らが言っていることは明晰で良心的ではあるけれど、その空疎さはドラルド・トランプの大言壮語と似たり寄ったりという気がする。自己とは本来、ベッド・サイズに収まるべきものだ。ベッド・サイズの自己が、半径10mの言葉で考えたことだけが世界を変えうる。

最後のジョブズは、そのことに気づきつつあったように見える。病床（sick bed）で人が考えることはごくわずかだ。人生とは何か。死とは何か。誰もが例外なくたどり着く場所に、彼もまたたどり着いたのかもしれない。ネット上を亡霊のようにさまよっているジョブズの最後の言葉。それは本物かフェイクかを超えて真実を感じさせる。

〈わたしが勝ち取った富はこの世だけのものだ。死後も一緒に持っていけるものではない。持っていけるのは、愛によってもたらされた思い出だけだ。それだけがずっとあな

たとともにある真の富であり、あなたに力を与えてくれ、あなたの道を照らしてくれるものだ。〉

自然であることが何よりも苦手だったジョブズ、その彼が猶予《ゆうよ》のない死に感化されるようにして自然な振舞いを見せはじめる。「世界をあっと言わせる」とか「宇宙に衝撃を与える」とか、そんなことばかり考えてきた人間が、いかに自分がつまらないものを追い求めてきたかに気づく。ビジネスの世界で頂点に立った者が、いまさらながら富や名声のはかなさを知る。「ジョブズの最後の言葉」とされるものから聞き取れるのは、祇園《ぎおん》精舎《しょうじゃ》の鐘の声を想わせる、そんな暮色蒼然としたトーンだ。

彼が成し遂げたことは、たんにコンピューティングのあり方を変えたというだけでは足りない。まったく異次元のものにしてしまった。ムーアの法則を追い風にして、「パーソナル」の意味を「身体の一部分」というところまで推し進めた。その結果、コンピュータは人類がこれまでに出会った最強のドラッグにも等しいものとなった。

好悪や功罪は別にして、一個の者として、やれるだけのことをやり尽くしたと言えるだろう。これ以上ないほどの富も名声も手に入れた。そんな一人の人間が、この世で自分が成したことはみんな無価値であるという場所にたどり着いた。死に至る病を得たジョブズが最後にたどり着いたのは、まさにベッドの上で身動きもままならない自分だった。その自己は、あまりにも非力で卑小で無用だった。

何年か前の夏の日、仲間と川のほとりでキャンプをした。翌朝、早くに目が覚めて一人でテントを抜け出し散歩に出かけた。灌木の茂みのなかを歩いていくと、アヒルほどの大きさの鳥の死骸を見つけた。肉はほとんどなくなって、骨と羽根だけが元の姿をとどめている。

人間が自己だけで完結した生き物なら、死んだ仲間を弔うことはなかっただろう。死骸はその場に放置し、朽ち果てるに任せておけばよかったはずだ。ところがどうしたわけか、われわれの祖先は自分だけでは完結せずに、誰かとともに生きることをはじめた。ともに生きてきた誰かが、ある朝動かなくなっている。手を触れてみると冷たい。その冷たさを、われわれの祖先は「悲しみ」として感受した。昨日までともに駆けたり笑ったりしていたものの唐突な静まりを「寂しい」と感じた。

人がものを食べるのは、たんに空腹を満たすためだけではない。もっと別のものも満たしている。だから食べることには「おいしい」とか「おいしくない」といった余分なものがくっついてくる。どうしてそんな面倒なことになっているのかわからない。わかっているのは、スマホを相手に一人で食べるよりも、家族や恋人と一緒に食べるほうがおいしいということだ。これを「錯覚」や「気のせい」と言ってしまえば、それこそ人生は味気ないものになる。

ジョブズの生涯には「味わう」という体験が希薄だった。とくに「ともに味わう」という契機は、ほとんど皆無だったように見える。その彼が最後に、自分の人生を味わっている。残り少ない命を味わっている。家族とともに、パートナーとともに。「おいしい」とか「おいしくない」とか言っている。なぜ「おいしい」のか？　なぜ「おいしくない」のか？　ともに味わわれるからだ。分かち持たれる命であるからだ。

誰もが人生というまわり道をして、同じ所にたどり着くのかもしれない。自力でやれることは知れている。やれるかぎりのことをやり尽くしたジョブズがそう言っている。自分は自分からはじまっていないと。「自分」はどこか別のところから流れ下ってきている。あたかも恩寵のようにしてもたらされている。だが、それを実感するためには、自力の尽きるところまで行ってみる必要があるのかもしれない。そこから折り返してきた彼は、いまは静かにベッドに横たわっている。

シック・ベッドからはいろんなものが見える。それまで見えなかったものが不意に見えたりする。求めていたものは最初からそこにあった。いつもありつづけていた。近すぎて見えなかったのかもしれない。若いころのジョブズは、自分が実の両親に棄てられたと思っていた。放棄された自分を取り戻すために、頑なに自己であろうとした。

食べ物からデザインに至るまで、自己を守り非・自己を排除するための過剰な免疫システムをつくり上げた。自分たちが作る製品については、最後まで互換性のないクローズド・システムにこだわった。しかし何をどうやっても、けっして彼は自分に届かなかった。なぜなら彼自身がクローズドしていたからだ。

そんなジョブズが、最後にたどり着いた場所で自らをひらいているように見える。そうしてシック・ベッドの上で自分に届いているように見える。

「ゆずり葉」

世のお父さん、お母さんたちは

何一つ持つてゆかない。
みんなお前たちに譲つてゆくために
いのちあるもの、よいもの、美しいものを、一生懸命に造つてゐます。

河井酔茗

ジョブズは命を懸けて、人類の歴史を変えるような道具を造った。それを「いのちあるもの、よいもの、美しいもの」にしていくのは、残された者たちの使命かもしれない。重いバトンを委ねた彼は、すべてを明け渡して、どこかへ還っていった。どんなに偉大で華やかな生も、卑小で平凡な生と変わらないことを、ジョブズは身をもって示して死んでいった。彼の偉大な卑小さは、名もなき人たちの卑小な偉大さと、つつましくつり合っている。

エピローグ――写真家から一言

1988年10月12日の午前10時前に未来学者ポール・サフォーに連れられて、サンフランシスコ・シンフォニーホールにおけるネクスト・コンピュータ発表会に参加した。1985年9月15日にスティーブ・ジョブズがアップルを追い出されて悪戦苦闘して作り上げた新しいワークステーション型NeXTcubeの最初の記者会見である。ポールに紹介され、緊張した面持ちで握手を交わした。少し強く握った。ジョブズは「今日はビルがTシャツだからアルマーニで決めたぞ」なんて軽くジョークを飛ばしアドレナリン全開だった。やはりビル・ゲイツは最大のライバルなのかと思いながらカメラマン席の前に陣取った。椅子はなく自由に動いても良い環境であり、僕はライカM6／21㎜を首にぶら下げ、NikonF4／80～200㎜を肩にかけていた。

突然、ジョブズが静かに登場した。プレス・カメラマンが一斉にシャッターをきる。

ストロボの光を浴びながらジョブズは一方的にトークを始めた。少し落ち着いてきたので後ろから300㎜でアップを狙った。そのカットがこの本の表紙の写真だ。それから何度かオフィスでインタビュー写真を撮影するチャンスにも恵まれた。彼から「神道とは何だい」「俺の1分はいくらだと思う」「ライカのどこが良いのか」などと唐突に質問された記憶がある。そして時にはドタキャンされた。悔しいので彼のベンツを撮影して帰ったこともあった。1993年にIT賢者ポートレイト写真集『シリコン・ロード』（ソフトバンク刊）を制作するにあたり、ジョブズにモットーをお願いした。彼は「オブジェクト指向プログラミングは90年代の革命である」とFAXを送って来てくれた。

2003年11月27日、東京の銀座アップル・ストア・オープニング記念セレモニーでジョブズと12年ぶりに再会した。各新製品を熱心に紹介して、自分の言いたいことを語り終わると、いきなり壇上からおりて消えて行った瞬間が裏表紙の写真である。銀座通りに止めてあったハイヤーに乗り込もうとした時、僕は「ヘイ、スティーブ」とカメラを向けた。彼は「ノー・サンキュウ」とクールに立ち去って行った。それ以降会うことはなかった。縁あって当時のIT革命のレジェンドたちをたくさん撮影したが、アーティストと呼べるのはスティーブ・ジョブズだけだった。

作家片山恭一氏とは友人であり、旅の相棒でもある。２０１６年６月、僕が案内役でカリフォルニアの青い空を見ながら旅をした。ロスアンゼルスが起点で、サンタモニカビーチ、サンセット通りを走り抜けて内陸を北上、国道３９５沿いの「マンザナー日本人強制収容所」を経て北上し、世界遺産「ヨセミテ国立公園」に入り、写真家アンセル・アダムズが撮影した岩と滝を眺め、そこから一気にサンフランシスコへ。そしてシリコン・バレーを廻り、スタンフォード大学やＵＣバークレーで学生気分を味わい、スタインベック博物館で米国史を勉強してカーメルからモントレーへ。海岸線の国道１号線を南下し、太平洋岸の雄大な「ビッグ・サー」を眺め、ベンチュラのメキシカン・バーで疲れを癒し、ロスのマンハッタン・ビーチに戻ってハンバーガーで締めた。軽快なカリフォルニア・サウンドを聞きながらアメリカン・カウンター・カルチャーで大いに盛り上がった。気がついたら『あの日　ジョブズは』が生まれた９日間のドライブ旅行だった。

ｉＰｏｄはある米国のスタート・アップ企業が考えついて、まずは当時パワフルな日本の大手家電メーカーに売り込みをかけた。すぐ日本でのデモが秘密裏に行われた。そこでの評価は、「落としたら壊れる」というもので、「この商品はあかん」ということで突き返された。当時のマシンにはHDDの円盤が内蔵されていたので、それは確かに正解だった。そこで最後にアップルに持ち込み、今までの経過を正直にジョブズにプレゼンしたら、「おもしろいではないか‼　だったら2倍作って、壊れたら新品と交換してやれ。企業イメージも良くなる」と言って採用。それは、ジョブズが音楽業界への変革を宣戦布告した瞬間でもあった。このアートとテクノロジーの融合感覚、これぞ最初のデジタル・トランス・フォーメーションだった。

ジョブズはソフトとハードを独走的に進化させ「人類に最適化されたパーソナル・コンピューター」を創造し、我々をデジタルの未来へと導いてくれた。100年後はレオナルド・ダビンチの後継者はスティーブ・ジョブズと言われていることだろう。

小平尚典

ジョブズの伝説は全てこのガレージから始まった

「死後も持っていけるのは愛による思い出だけだ。それだけが真の富である」(ジョブズ)

参考文献

ウォルター・アイザックソン『スティーブ・ジョブズ』（井口耕二訳、講談社、２０１１）

ウォルター・アイザックソン『イノベーターズ』（井口耕二訳、講談社、２０１９）

ブレントン・シュレンダー／リック・テッツェリ『スティーブ・ジョブズ』（井口耕二訳、日本経済新聞出版、２０１６）

レザー・アスラン『イエス・キリストは実在したのか？』（白須英子訳、文藝春秋、２０１４）

ユヴァル・ノア・ハラリ『ホモ・デウス』（柴田裕之訳、河出書房新社、２０１８）

同『21 Lessons』（柴田裕之訳、河出書房新社、２０１９）

斎藤由多加『マッキントッシュ伝説』（アスキー、１９９６）

池田純一『ウェブ×ソーシャル×アメリカ』（講談社現代新書、２０１１）

Stanford University Libraries Selected Photographer by Naonori Kohira「Steve Jobs & IT Legend Portrait」

ＤＶＤ

『スティーブ・ジョブズ』（ジョシュア・マイケル・スターン監督、２０１３）

『スティーブ・ジョブズ』（ダニー・ボイル監督、２０１５）

『スティーブ・ジョブズ　The Man In The Machine』（アレックス・ギブニー監督、２０１５）

片山恭一（かたやま きょういち）
1959年、愛媛県生まれ。作家。九州大学農学部卒、同大学院修士課程を経て博士課程中退。1986年、「気配」で文學界新人賞を受賞。2001年刊行の『世界の中心で、愛をさけぶ』が300万部を超えるベストセラーとなる。『死を見つめ、生をひらく』など著書多数。

小平尚典（こひら なおのり）
1954年、北九州市小倉生まれ。1987年、米国に移住。フォト・ジャーナリストとして多目的に活動。特にIT革命のレジェンド達のポートレイトを撮影取材する。2021年、スタンフォード大学ライブラリーに全作品がセレクトされる。公益社団法人日本写真家協会会員。早稲田大学理工学部非常勤講師。著書に『シリコンロード』『e-face』『4/524』『原爆の軌跡』ほか。

あの日《ひ》ジョブズは

2021年8月30日　初版発行

著　者　片山 恭一　　写　真　小平 尚典

発行者　鈴木 隆一

発行所　ワック株式会社
東京都千代田区五番町 4-5　五番町コスモビル　〒102-0076
電話　03-5226-7622
http://web-wac.co.jp/

印刷製本　大日本印刷株式会社

ISBN978-4-89831-954-3